DEUS
E A PANDEMIA

N. T. WRIGHT
DEUS
E A PANDEMIA

UMA RESPOSTA CRISTÃ SOBRE O **CORONAVÍRUS**
E SUAS CONSEQUÊNCIAS

Traduzido por
ELISSAMAI BAULEO

THOMAS NELSON
BRASIL®

Rio de Janeiro, 2020

Título original: *God and the Pandemic*
Copyright © 2020 por Tom Wright
Edição original por Society for Promoting Christian Knowledge (SPCK).
Todos os direitos reservados.
Copyright da tradução © Vida Melhor Editora LTDA., 2020.

Os pontos de vista desta obra são de responsabilidade de seus autores e colaboradores diretos, não refletindo necessariamente a posição da Thomas Nelson Brasil, da HarperCollins Christian Publishing ou de sua equipe editorial.

PUBLISHER	*Samuel Coto*
EDITORES	*André Lodos Tangerino*
	Bruna Gomes
COPIDESQUE	*Davi Freitas*
REVISÃO	*Gisele Múfalo*
DIAGRAMAÇÃO	*Joede Bezerra*
CAPA	*Rafael Brum*

DADOS INTERNACIONAIS DE CATALOGAÇÃO NA PUBLICAÇÃO (CIP)

W934d	Wright, N. T.
1.ed.	Deus e a pandemia: uma resposta cristã sobre o coronavírus e suas consequências / N.T. Wright; tradução de Elissamai Bauleo. – 1.ed. – Rio de Janeiro: Thomas Nelson Brasil, 2020.
	144 p.; 11 x 15 cm.
	Tradução de: God and the Pandemic
	ISBN: 978-65-56890-48-7
	1. Escatologia. 2. Teologia bíblica. 3. Resposta cristã. 4. Pandemia. 5. Corona vírus. I. Bauleo, Elissamai. II. Título.
	CDD 236
6-2020/09	CDU 2-23

Thomas Nelson Brasil é uma marca licenciada à Vida Melhor Editora LTDA.
Todos os direitos reservados à Vida Melhor Editora LTDA.
Rua da Quitanda, 86, sala 218 — Centro
Rio de Janeiro — RJ — CEP 20091-005
Tel.: (21) 3175-1030
www.thomasnelson.com.br

Em memória de Simon Barrington-Ward KCMG*

Um homem santo, gentil e sábio

Bispo de Coventry 1985—1997

Morto pelo coronavírus, Sábado Santo, 11 de abril de 2020

*Cavaleiro-Comendador da Ordem de São Miguel e São Jorge.

SUMÁRIO

Prefácio e agradecimentos.................................. 9

Capítulo 1
Por onde começamos?..13

Capítulo 2
Lendo o Antigo Testamento.....................................25

Capítulo 3
Jesus e os Evangelhos..39

Capítulo 4
Lendo o Novo Testamento......................................63

Capítulo 5
Para onde vamos daqui?...99

PREFÁCIO E AGRADECIMENTOS

ESTE PEQUENO LIVRO NÃO TERIA sido escrito não fosse o convite da revista *Time*, que me pediu para redigir um artigo já no início da pandemia da COVID-19. Meus agradecimentos a Belinda Luscombe por encomendar e editar o artigo e a muitos que, após a publicação, escreveram-me — a maioria para agradecer, alguns para repreender. A presente discussão é uma tentativa adicional de contribuir com o que pode ser dito de maneira sábia e bíblica em um momento como este. Com o passar das semanas de confinamento, eu — como suponho ter sido o caso da maioria das pessoas — vivenciei um turbilhão de emoções sobre tudo que está acontecendo. Contudo, parece-me importante manter nossas reações dentro dos limites bíblicos, e é isso que procuro fazer aqui.

O objetivo deste pequeno livro, então, não é oferecer "soluções" às questões levantadas pela pandemia, nem fornecer uma análise completa do que podemos aprender com ela ou sobre o que devemos fazer agora. Meu argumento principal é precisamente que devemos resistir às reações bruscas que nos sobrevêm tão prontamente. Antes de podermos refletir na situação de modo um tanto insatisfatório — isto é, apenas nos contornos mais amplos — precisamos de um tempo de lamento e autocontrole, justamente para não chegarmos a "soluções" precipitadas. Soluções virão, pela graça de Deus; mas a não ser que nos afastemos de reações instantâneas, não conseguiremos discerni-las. Se gastarmos tempo em oração e lamento, surgirá uma nova luz, e não simplesmente a repetição de coisas que, de qualquer maneira, já queríamos dizer.

Sou muito grato a Philip Law e seus colegas da SPCK por sua disposição em aceitar o projeto em tão pouco tempo, bem como aos velhos amigos que leram rascunhos e fizeram comentários, alguns bastante perspicazes. Tenho em mente Michael Lloyd, Brian Walsh, Carey Newman, Simon Kingston, Peter Rodgers e James Ernest; e minha filha Hattie. Obviamente, eles não são responsáveis por nada do que eu escrevi. Tampouco Maggie, minha amada esposa, cuja satisfação com o artigo original da revista *Time* me incentivou a seguir adiante, ainda que não a tenha impedido de me fazer diversas críticas durante a produção sucessiva de rascunhos para este livro.

N. T. Wright
Wycliffe Hall, Oxford
Abril de 2020

CAPÍTULO

1

POR ONDE COMEÇAMOS?

SOA COMO UM DESTES VERBOS irregulares gregos: *pânico, pandemia, pangolim, pandemônio*. Em vez disso, porém, não passa de um *vírus* irregular. Já os tivemos antes (SARS e até a doença da vaca louca) e, apesar de preocupantes por um tempo, conseguimos superá-los. Previsões sombrias de milhões de mortes foram exageradas. Certamente seria o mesmo com este vírus, não?

Lembrei-me da citação irônica do pastor Martin Niemöller. Há várias versões do que ele pode ter dito, mas a ideia central é a mesma. Falando sobre a Alemanha da década de 30, Niemöller disse:

> Primeiro, vieram atrás dos judeus; mas eu não fiz nada, porque não sou judeu. Então, vieram atrás dos socialistas; mas eu não fiz nada, já que não sou socialista. Depois, vieram atrás dos católicos; mas eu não fiz nada, porque não

CAPÍTULO 1

sou católico. Finalmente, vieram atrás de mim; mas não havia ninguém para me ajudar.

O mesmo, pensei, ocorreu com a reação britânica e americana frente ao coronavírus. Primeiro, o vírus atingiu os chineses; mas não somos chineses e, de qualquer maneira, a China está longe. Além do mais, coisas estranhas (como comer pangolins) acontecem lá. Então, ele atingiu o Irã; mas não nos preocupamos, visto que o Irã está longe e, de qualquer modo, é um lugar muito diferente. Em seguida, atingiu a Itália, mas pensamos: "ora, os italianos são sociáveis, pessoas táteis; é claro que o vírus se espalhará por lá. Mas nós ficaremos bem". Por fim, chegou a Londres, Nova York... e de repente não existia mais qualquer espaço seguro no planeta.

Não há zona neutra. Na medicina, não existe, como no caso da Suíça em tempos de guerra, um lugar onde você poderia escapar por um tempo, tranquilizar-se e ponderar sobre os próximos passos a serem dados.

Acaso alguém sabe o que está acontecendo e o porquê? Alguém está tentando nos dizer alguma coisa? O que devemos fazer sobre a pandemia?

Em boa parte do mundo antigo, assim como em muitas partes do mundo moderno, grandes desastres

| Por onde começamos? |

(terremotos, vulcões, incêndios, pragas) são normalmente associados à ira dos deuses. Algo ruim aconteceu? Deve ser porque "alguém" está determinado a lhe causar mal. No antigo mundo pagão da Grécia e de Roma, a suposição era de que você não ofereceu os sacrifícios certos, não fez as orações certas ou praticou algo tão terrível que até os velhos deuses amorais do Monte Olimpo achavam que era hora de abatê-lo.

Os filósofos, por sua vez, pessoas de mente aberta, não davam muita atenção a isso. Antes, elaboraram três alternativas:

Primeiro, os estoicos: todo acontecimento está pré-programado para acontecer. Você não pode mudar esse fato; apenas aprenda a se enquadrar nele.

Por outro lado, os epicureus ofereciam um ponto de vista alternativo: tudo é aleatório. Você não pode fazer nada a respeito. Procure se acomodar o máximo possível.

Então, os platonistas: a vida atual é apenas uma sombra da realidade. Coisas ruins acontecem aqui, mas estamos destinados a um mundo diferente.

Temos os nossos equivalentes modernos.

Alguns só querem resistir. Se a bala está vindo em sua direção, que assim seja.

CAPÍTULO 1

Grande parte do Ocidente moderno adota implicitamente as ideias dos epicureus. Coisas ruins acontecem, mas tudo que queremos é lutar por conforto, boa acomodação, autoisolamento e bastante Netflix. Como no caso de outras crises, essa também irá passar.

Outros, incluindo alguns cristãos, optam por Platão. A morte não é a pior coisa que pode acontecer; além do mais, estamos, de qualquer modo, de passagem para outro lugar. Sejamos sensíveis, claro, mas, por favor, não fechem as igrejas. Nem os clubes de golfe.

Enquanto isso, em campos de refugiados, em edifícios enormes de construção popular, em favelas e em *souks*, o sofrimento piora. E a tristeza, como uma nuvem de fumaça, sobe do mundo inteiro moldando a pergunta que receamos fazer: por quê?

Na verdade, a melhor resposta que ouvi nas últimas semanas não foi à pergunta: "por quê?", e sim à pergunta: "o quê?": o que podemos fazer? No Reino Unido, o governo pediu o auxílio de voluntários que ajudassem o Serviço Nacional de Saúde em todas as tarefas não especializadas e urgentes. Meio milhão de pessoas se inscreveram quase ao mesmo tempo, tantas que foi difícil encontrar as devidas tarefas para todas. Profissionais da

| Por onde começamos? |

saúde aposentados voltaram para a linha de frente. Alguns contraíram o vírus e morreram.

Profissionais e voluntários como eles estão fazendo o que os primeiros cristãos faziam em épocas de pestilência. Nos primeiros séculos da nossa era, quando doenças graves atingiam um vilarejo ou uma cidade, os ricos corriam para as colinas (parte do problema costumava ser o ar denso e fétido da cidade). Cristãos ficavam e cuidavam dos enfermos. Às vezes, pegavam a doença e morriam. Pessoas ficavam surpresas: "Por que vocês agem dessa forma?". A resposta geralmente era: "Porque somos seguidores de Jesus, que deu sua vida para nos salvar. É isso que fazemos também".

Ninguém jamais havia pensado em fazer esse tipo de coisa antes. Não é de admirar que o evangelho se propagasse, mesmo quando os romanos faziam o possível para destruí-lo.

O fascinante é que grande parte do mundo entendeu o recado. Como argumentou o historiador Tom Holland em seu mais recente livro *Dominion* [Domínio], muito do que tomamos por certo nas atitudes sociais de hoje foi uma inovação cristã. Os antigos pagãos não agiam assim. Remédios e tratamentos médicos custavam caro, bem como a educação. E os pobres eram pobres por serem (segundo o pensamento corrente da época) preguiçosos ou desafortunados. Não era dever da sociedade cuidar deles.

Os cristãos discordavam, pois adotavam sua regra de vida dos judeus — por meio de Jesus, claro. Os judeus tinham aqueles textos, aquelas Escrituras, que sustentavam a crença de que há um Único Deus, cuja preocupação especial é com o pobre, o enfermo, o marginalizado, o escravo. Pensadores judaicos às vezes flertavam com porções do estoicismo ou do platonismo (nunca com o epicurismo, palavra "obscena" no judaísmo tanto daquela época quanto de hoje); no entanto, suas comunidades, em geral, praticavam um tipo de vida familiar, comunitária e estendida. Os primeiros seguidores de Jesus se apossaram desse estilo de vida, porém a estenderam à crescente e cada vez mais diversificada "família" de cristãos. Então — para encurtar a história — o mundo moderno tomou emprestado pedaços dessa prática (nas áreas da saúde, educação e assistência social) e às vezes pensa que descobriu tudo sozinho, como se o pedaço "religioso" pudesse desaparecer. Alguns advogam essa ideia entusiasticamente, como Stephen Pinker, psicólogo de Harvard.

Por onde começamos, então?

| Por onde começamos? |

UMA RESPOSTA CRISTÃ?

Diante da rápida disseminação do coronavírus, muitas pessoas nas igrejas buscam equivalentes "cristãos" de antigas reações instintivas. De qualquer modo, o mundo está cheio de teorias da conspiração: nos Estados Unidos, alguns acham que é tudo culpa da China; outros dizem que a culpa é dos Estados Unidos; e, sem dúvida, existem milhares de outras ideias por aí, espalhando-se tão facilmente quanto o próprio vírus, algumas com o mesmo grau de perigo. O jogo da culpa é fácil — especialmente quando a culpa é sempre do *outro*. Aqueles que se acostumaram a ver todos os problemas em termos de "guerras culturais" — mais atenuadas, mas igualmente poderosas — simplesmente buscarão respostas fáceis que refletem esse impasse irrelevante. De fato, a crise da COVID-19 fez pelo mundo inteiro o que o furacão Katrina fez em Nova Orleans, em 2005: em seu impacto devastador, mostrou que as madeiras políticas e sociais já estão apodrecendo.

Também existem teorias especificamente "cristãs" de conspiração. Alguns pensam saber exatamente o que deu errado e o que Deus está tentando dizer com tudo isso.

Alguns andam dizendo, ansiosamente, que este é o sinal do fim. A indústria do "fim dos tempos" tem sido excessiva nos Estados Unidos, nas últimas duas gerações. Versões derivadas também são populares, na maioria dos outros países. Destaques anteriores incluem *The Late Great Planet Earth* [A agonia do grande planeta Terra], de Hal Lindsey, e a série *Deixados para trás*, de Tim LaHaye e Jerry Jenkins, que constroem um cenário de filme de terror usando pedaços da Bíblia unidos à corrente do pietismo fundamentalista. É bastante platônico: "ir para o céu" é o objetivo, deixando o mundo para trás, com seu Armagedom. E agora o coronavírus é aclamado como o sinal de que tudo está para acontecer.

Para outros cristãos, a pandemia é simplesmente uma maneira de dizer: "eis um momento de oportunidade! Agora que todo o mundo está pensando na morte, e não em qual a melhor mistura para comprar para o jantar, talvez haja um retorno em massa para Deus. Talvez possamos usar esse momento para falar aos amigos sobre Jesus e sobre como ir para o céu. É possível que escutem desta vez".

Outros citam os profetas do Antigo Testamento para produzir uma versão das antigas teorias pagãs. Quando coisas ruins acontecem, deve ser Deus quem o faz, já que ele é responsável por tudo. Isso significa que Deus está zangado conosco, por algum motivo. O profeta Amós

| Por onde começamos? |

vem à mente: "Ocorre alguma desgraça na cidade, sem que o Senhor a tenha mandado?" (Amós 3:6). A ideia é: Fome, praga e pestilência — todas foram feitas para levar o povo de Deus a se arrepender dos maus caminhos (4:6-11). Mas não funcionou. Agora, coisas ainda piores vão acontecer. Muitos dos outros profetas teriam concordado. Hoje, muitos seguem avidamente essa linha de raciocínio como pretexto para culpar seus objetos de ódio costumeiros, afirmando que é tudo culpa deste e daquele, cujo estilo de vida desaprovam.

Devemos começar pelo Antigo Testamento. É lá que alguns dos textos aparentemente principais podem ser encontrados. Obviamente, isso levanta uma grande questão de interpretação. Podemos fazer uma transferência direta, ou ao menos uma analogia dinâmica, do que algumas pessoas maravilhosas e temíveis do século 8 a.C. disseram? Podemos transportar sua mensagem para o mundo confuso e assustado do século 21?

CAPÍTULO
2

LENDO O ANTIGO TESTAMENTO

AMÓS DISSE QUE DEUS "não faz coisa alguma sem revelar o seu plano aos seus servos, os profetas" (Amós 3:7). Tivemos muitos profetas dizendo-nos quais eram esses segredos. Variam desde os pragmatistas de causa e efeito ("é tudo porque os governos não se prepararam devidamente para uma pandemia"), aos moralistas completamente indiferentes ("é tudo porque o mundo precisa se arrepender de pecados sexuais") e aos que enfatizam questões secundárias importantes ("a raiz do problema está na crise ecológica"). Às vezes, temos a impressão de que o coronavírus fornece às pessoas um megafone com o qual poderão dizer, de modo ainda mais acentuado, aquilo que desde o início desejavam dizer.

Isso não significa que não há lições importantes e bastante óbvias a serem aprendidas. No dia em que eu reformulava esta seção, recebi um e-mail inesperado de um estudante de medicina trabalhando como voluntário em um hospital no Harlem, em Nova York. Ele estava horrorizado com a forma como a doença havia se espalhado desenfreadamente entre aqueles que, incapazes de obter seguro, já se encontram em más condições devido a outras doenças e, portanto, provavelmente não apenas contraem a COVID-19, mas também a transmitem.

Trata-se de uma análise fatual e "pés-no-chão" do que está acontecendo, não o conveniente e paralelo salto moralista ("coisas ruins acontecendo? É por causa de aborto/ direitos homossexuais etc."). E por trás disso tudo existem, sem dúvida, questões mais amplas de geopolítica. Por que a China tentou abafar relatórios da Organização Mundial da Saúde? Por que a transmissão se deu tão cedo no Irã? Que efeito teve o foco da Grã-Bretanha no Brexit sobre as políticas de saúde? Ações têm consequências. O mesmo se dá com inações. Deus está nisso? Ou são apenas lições que alguém, cristão ou não, poderia deduzir?

Nas Escrituras judaicas, o maior desastre de todos foi o exílio para a Babilônia. Os grandes profetas interpretaram o acontecimento em termos de punição em larga escala pelo pecado de Israel. Isso remonta às promessas e advertências da aliança — bênçãos e maldições — em

Deuteronômio. Livros como Jeremias e Ezequiel o evidenciam de modo alarmantemente claro: Israel havia praticado o que Deuteronômio advertiu que não deveria (em particular, adorado ídolos pagãos e desenvolvido o comportamento que acompanha a adoração pagã) e, como consequência, Deus fez o que prometera. O livro chamado de Lamentações, um dos poemas extensos mais emocionantes já escritos, descreve uma cidade da qual as pessoas desapareceram. A imagem me assombra agora, toda vez que ando de bicicleta pelas ruas vazias de Oxford, normalmente cheias de estudantes e turistas. E o profeta chora pelas crianças inocentes, clamando em vão por comida:

> De tanta sede, a língua dos bebês gruda no céu da boca; as crianças imploram pelo pão, mas ninguém as atende. (Lamentações 4:4; cf. 2:12).

A recordação de tradições antigas da fé do povo apenas acentua o problema:

> Tu, Senhor, reinas para sempre; teu trono permanece de geração a geração. Por que motivo então te esquecerias de nós? Por que haverias de desamparar-nos por tanto tempo? Restaura-nos para ti, Senhor, para que voltemos; renova os nossos dias como os de antigamente, a

CAPÍTULO 2

não ser que já nos tenhas rejeitado completamente e a tua ira contra nós não tenha limite! (Lamentações 5:19-22).

As grandes orações por restauração em outras passagens são explícitas o bastante: aqui estamos, no exílio, porque pecamos; agora, voltamo-nos ao Senhor e pedimos-lhe perdão. Daniel 9 talvez seja a mais clara:

> O Senhor nosso Deus é misericordioso e perdoador, apesar de termos sido rebeldes; não te demos ouvidos, Senhor, nosso Deus, nem obedecemos às leis que nos deste por meio dos teus servos, os profetas. (Daniel 9:9-10; o capítulo todo é importante).

E se é assim que funciona em larga escala — ou ao menos como funcionou com o exílio babilônico — em uma escala pessoal e menor, então, às vezes parece ser a mesma coisa. O livro de 1Reis registra um momento terrível, quando uma viúva, perdendo seu único filho, presume que a causa é seu próprio pecado, como se, por ter permitido ao profeta Elias morar sob o seu teto, a mulher tivesse, de alguma forma, desencadeado a morte de seu filho como uma punição (1Reis 17:18). Elias, ressuscitando o menino, coloca essa sugestão no devido lugar.

Todavia, o rumor persiste, segundo o qual a má sorte e o mau comportamento estão sempre ligados a uma cadeia causal direta. O primeiro salmo nos informa que pessoas boas florescerão, enquanto as más terão um triste fim. Salmos 37, que de certa forma corresponde a uma meditação prolongada sobre o mesmo tema, traz o seguinte versículo:

> Já fui jovem e agora sou velho,
> mas nunca vi o justo desamparado,
> nem seus filhos mendigando o pão. (Salmos 37:25).

Uma declaração surpreendente, alarmante. Afinal, nós o vimos desamparado: nas ruas, em nossas telas, em nossos corações. Talvez devêssemos permitir ao salmista o benefício da dúvida: o poeta está descrevendo tempos normais. Jogue limpo e tudo dará certo; envolva-se em falcatruas e os problemas virão. Mas não vivemos em tempos normais (talvez nunca realmente tenhamos vivido). O que dizer, então? Tente explicar a alguém morrendo de coronavírus em um campo repleto de refugiados que tudo isso é por causa do pecado. Em outras palavras, culpe a vítima. É sempre uma linha popular.

Felizmente para a nossa sanidade (e nossa visão da inspiração bíblica) existe uma perspectiva mais equilibrada. Tome, por exemplo, Salmos 73. O escritor sabe a linha "normal": coisas boas acontecem a pessoas boas, ao passo que coisas más acontecem aos maus. No entanto, a vida não estava funcionando dessa forma. Os ímpios estão florescendo, e os justos estão esmagados sob os seus pés. É somente quando o poeta entra no templo de Deus que uma perspectiva mais ampla, capaz de trazer cura, pode ser vislumbrada.

Em seguida, vá para Salmos 44, que nega especificamente o ponto de vista "coisas-boas-trazem-o-bem", "coisas-más-trazem-o-mal". O poeta sabe que Deus cuidou do seu povo em épocas passadas. Agora, porém, coisas terríveis aconteceram, apesar de, conforme ele insiste:

> Sem que nos tivéssemos esquecido de ti,
> nem tivéssemos traído a tua aliança.
> Nossos corações não voltaram atrás,
> nem os nossos pés se desviaram da tua vereda.
> Todavia, tu nos esmagaste e fizeste de nós
> um covil de chacais,
> e de densas trevas nos cobriste.
> Se tivéssemos esquecido o nome do nosso Deus
> e tivéssemos estendido as nossas mãos
> a um deus estrangeiro,

Deus não o teria descoberto?
Pois ele conhece os segredos do coração!
Contudo, por amor de ti
enfrentamos a morte todos os dias;
somos considerados como ovelhas
destinadas ao matadouro. (Salmos 44:17-22).

Paulo cita esse trecho em Romanos 8, uma das passagens mais importantes para o entendimento de todo o mistério. Retornaremos a esse texto em um capítulo posterior.

Outros salmos afirmam o problema e o deixam de lado, como se estivessem dando de ombros. Salmos 89 é um deles. Deus fez promessas maravilhosas; deliciamo-nos em seu brilho por um tempo; agora, porém, o céu está escuro, tudo deu errado, não há esperança à vista. Fim do salmo. Há uma honestidade revigorante nesse fim abrupto.

Ou — o ponto mais sombrio de todos — temos Salmos 88. Certa vez, quando minha esposa e eu conduzíamos uma peregrinação à Terra Santa, chegamos ao local em que, segundo alguns arqueólogos, Jesus provavelmente passou a última noite antes de sua crucificação. Era uma masmorra, bem abaixo do palácio do sumo sacerdote.

| DEUS E A PANDEMIA |

CAPÍTULO 2

Nosso guia sugeriu que fizéssemos uma pausa e lêssemos Salmos 88. Foi perfeito, e perfeitamente angustiante:

> Tenho sofrido tanto que a minha vida
> está à beira da sepultura!
> Sou contado entre os que descem à cova;
> sou como um homem que já não tem forças.
> Fui colocado junto aos mortos,
> sou como os cadáveres que jazem no túmulo [...]
> Por que, SENHOR, me rejeitas
> e escondes de mim o teu rosto?
> Desde moço tenho sofrido
> e ando perto da morte;
> os teus terrores levaram-me ao desespero [...]
> Tiraste de mim os meus amigos
> e os meus companheiros;
> as trevas são a minha única companhia. (Salmos 88:3-5,14-15,18).

Esses salmos são o sopé, sombrios e assustadores o suficiente. Todavia, sentimos uma montanha mais escura surgindo atrás deles. Chama-se livro de Jó. Sempre que alguém lhe disser que o coronavírus significa que Deus está chamando as pessoas — talvez você! — ao arrependimento, peçam-lhes para ler o livro de Jó. O ponto principal do livro é justamente *o oposto dessa ideia*.

São os "consoladores" de Jó que lhe dizem que tudo se resume ao pecado. Têm absoluta certeza de que Deus deve estar punindo Jó por algum mau comportamento secreto. Jó é igualmente claro que, se é assim, Deus está cometendo injustiça. O leitor, escondido desde o início, sabe que ambos estão errados, mas que os "consoladores" estão muito mais errados do que Jó. Uma batalha bem diferente está acontecendo. O livro sacode as algemas da nossa devoção simplória. Isso nos lembra de que realmente há mais coisas entre o céu e a terra — mais dores e perplexidades no céu e na terra — do que sonha nossa filosofia, incluindo a nossa filosofia "cristã".

Na verdade, o livro de Jó não tem realmente uma "resolução". Ao menos não uma resolução satisfatória. Há um pequeno "final feliz", mas apenas parcialmente: Jó gera mais filhos e filhas como restituição aos que havia perdido; mas isso torna a situação aceitável? Deus revela seu poder e grandeza a Jó, e Jó percebe que não pode competir; mas também isso torna a situação aceitável? Se fosse o caso, faríamos bem em recorrer aos estoicos: tudo está predeterminado; não há nada que você possa fazer; apenas aprenda a suportar os problemas.

Penso que parte da ideia central do livro de Jó está precisamente em sua natureza de não oferecer solução.

| DEUS E A PANDEMIA |

CAPÍTULO 2

Mensagens foram pregadas, e livros inteiros escritos, acerca das maneiras em que a história de Jesus fornece um tipo de resolução para Jó. Talvez seja esse o caso. Jó deseja que alguém se posicione entre ele e Deus para que o seu caso seja ouvido, para que ambos os lados sejam representados. "Se tão somente houvesse alguém para servir de árbitro entre nós", reclama, "para impor as mãos sobre nós dois" (9:33). Jó questiona se mortais podem tornar a viver depois da morte (14:14). Anseia por uma justiça final e definitiva, uma retificação das coisas cuja abrangência vai muito além do que esta vida parece proporcionar (caps. 21, 23, 24). Todas essas coisas são mencionadas no Novo Testamento em conexão com o que o mesmo Deus, o Deus de Israel, fez e fará por intermédio de Jesus. Jesus se posiciona entre Deus e o ser humano. Ele mostrou o caminho através da morte para uma vida renovada. Jesus retificou todas as coisas e o manifestará no final.

Entretanto, tal ideia é tudo, menos direta. O livro de Jó nos serve de lembrete permanente de que o Antigo Testamento opera em pelo menos dois níveis bem diferentes. Contém a história de Israel — ou melhor, do Deus de Israel. Esta é a história da aliança, a narrativa de como o Deus Criador chamou um povo para ser seu parceiro no resgate da humanidade e na restauração da criação. A história narra como essas pessoas — elas próprias "portadoras" da doença que infectou toda a raça humana, o "protovírus" chamado de "idolatria e injustiça", que mata a todos nós — como elas mesmas tiveram de atravessar a escuridão do exílio para que, de alguma forma, nova vida surgisse do outro lado.

A história como um todo, vista em retrospectiva pelos seguidores de Jesus, tem sua dinâmica própria. Muitos judeus nos dias de Jesus estavam cientes da grande história do Deus de Israel em termos da "aliança" de Deuteronômio 27—32, que prometia bênçãos à obediência e maldições — em última análise, exílio — à desobediência, seguidas, no final, por uma restauração, quando Israel finalmente se arrependesse e se voltasse para Deus. A história é contada na grande oração de Daniel (cap. 9). O poema extraordinário contido nos capítulos 40—55 de Isaías conta a mesma história sobre a cura, o resgate, a restauração e a nova criação de Deus após um tempo não apenas de julgamento, mas também de desespero. Visto da perspectiva de um judeu do século 1, todas essas tradições bíblicas formavam partes de um todo. Jesus e seus primeiros seguidores empregaram toda a história para explicar o que, em sua época, estava acontecendo.

| DEUS E A PANDEMIA |

CAPÍTULO 2

Paralelamente a essa história de Israel e Deus, temos a narrativa mais profunda da boa criação e do poder sombrio que, desde o início, tenta destruir a boa obra divina. Não reivindico entender esse poder tenebroso. Como sugerirei mais adiante, acho que não devemos tentar entendê-lo. Simplesmente sabemos que, ao nos vermos em circunstâncias terríveis, injustiças grosseiras e pragas horrendas — ou ao sermos acusados de coisas más quando somos inocentes, sofrendo doenças sem motivo aparente ou uma cura à vista — nesse momento devemos lamentar, expor nossa queixa, declarar nosso caso e deixá-lo perante Deus. Ao final do livro de Jó, Deus mesmo declara que Jó falou a verdade (42:8). Jó se apegou ao fato de que Deus é justo, mesmo que sua própria miséria parecesse negá-lo.

Jesus não apenas extraiu porções dessa história: ele a vivenciou; morreu sob ela.

Isso nos leva, então, à história do próprio Jesus.

CAPÍTULO 3

JESUS E OS EVANGELHOS

UMA DAS GRANDES PALAVRAS do Novo Testamento é *agora*. A palavra marca uma transição: até então, foi assim; agora, as coisas são diferentes. "*Mas agora…*", diz o apóstolo Paulo, prosseguindo de sua análise da condição humana para a exposição da solução de Deus (Romanos 3:21). Algo novo está acontecendo: "o tempo é chegado", disse Jesus; e seus ouvintes, cientes de viver no contexto da perplexa história narrada pelas escrituras judaicas, ao menos perceberam que algo tão esperado estava chegando. Ou pelo menos segundo pensava Jesus, que, como os antigos profetas que o precederam, anunciava — sim! — que as pessoas deveriam se arrepender. É claro que ele falava dessa maneira; não é assim que os profetas deveriam fazer?

Sim e não. Na ocasião, Jesus poderia remeter a desastres que haviam acontecido antes e alertar seus ouvintes de que, a menos que se arrependessem, seriam os próximos (Lucas 13:1-9). Contudo, isso era muito específico: o governador romano enviara tropas e matara peregrinos no templo, e então uma torre próxima desabou e esmagou dezoito pessoas, levando-as à morte. Tratava-se de pecadores piores do que todos os outros em Jerusalém? Não, diz Jesus: "Se não se arrependerem todos vocês também perecerão". Foi um momento muito particular — na verdade, o momento decisivo para a história do antigo Israel, do povo judeu e das instituições da época. Os avisos diziam respeito à destruição iminente de Jerusalém. A menos que o povo mudasse drasticamente sua conduta, a espada romana e outras catástrofes acabariam com a maioria deles. Jesus conseguia ler os "sinais dos tempos", ao contrário da maior parte de seus contemporâneos (Lucas 12:49-59). Naquele momento, parecia ser apenas mais uma profecia. Quarenta anos depois, Jesus provou que estava certo.

Só que Jesus foi além. Quando fariseus e mestres da lei lhe rogaram um "sinal do céu", Jesus viu o pedido deles como um gesto de descrença. Queriam que as coisas fossem óbvias. O único sinal que receberiam, porém, era outro sinal profético: o do profeta Jonas (Mateus 12:39). Jonas desapareceu no ventre do peixe — e então saiu vivo, três dias depois. Jesus disse que esse era o "sinal" que informaria à sua geração o que estava acontecendo. Os outros "sinais" que Jesus realizava não eram negativos; não eram como os "sinais" proféticos aos quais Amós se referira, ou, de fato, como os "sinais" que Moisés e Arão fizeram no Egito para tentar tirar o faraó de sua complacência e permitir que os israelitas fossem libertos. Esses "sinais" eram estranhos sinais de advertência: pragas de sapos, gafanhotos, rios que se transformavam em sangue. Os "sinais" de Jesus, por sua vez, eram sobre uma nova criação: água em vinho, curas, comida para os famintos, visão para os cegos, vida para os mortos (João nos dá um catálogo simples e resumido, os demais evangelistas acrescentam muitos outros), incluindo festas com todo o tipo de gente errada, indicando um futuro pleno de perdão. Todos esses eram sinais prospectivos, declarando a nova obra que Deus estava realizando — isto é, realizando *agora*.

Deste modo, Jesus parece viver na intersecção dos tempos. Às vezes, falava e agia como um profeta do Antigo Testamento — e as pessoas diziam que ele lhes lembrava Jeremias ou Elias, resultando disso uma imagem diferente da imagem padrão de Jesus como "manso e tranquilo". Em certa ocasião, adverte: "Não volte a pecar, para que algo pior não lhe aconteça" (João 5:14). Outras vezes, porém, parece olhar, não para trás, para pecados que podem levar a julgamento, mas para a nova obra que estava acontecendo: o reino de Deus.

É certamente essa a imagem que recebemos de João 9. Jesus e seus discípulos se deparam com um homem cego de nascença. Seus discípulos fazem a pergunta padrão, não muito diferente do questionamento levantado por muitas pessoas hoje sobre o coronavírus:

> Mestre, quem pecou: este homem ou seus pais, para que ele nascesse cego? (v. 2)

A resposta de Jesus destrói qualquer teologia descuidada de "máquina de vendas" (coloque a moeda do pecado, retire uma punição).

> Disse Jesus: "Nem ele nem seus pais pecaram, mas isto aconteceu para que a obra de Deus se manifestasse na vida dele." (v. 3).

Jesus, em outras palavras, não remonta a uma causa hipotética que permitiria aos espectadores se convencerem de que haviam entendido algum mecanismo moral cósmico, algum pecado que Deus teve de punir. Antes, *anseia ver o que Deus fará a respeito*. Isso se traduz diretamente no que ele, Jesus, fará a respeito, pois ele é a luz do mundo.

Assim, ele cura o homem. Este é o tempo. *Agora*. Não o tempo de especular sobre pecados passados.

O PRÓPRIO JESUS É O "SINAL" DEFINITIVO

Vimos como os Evangelhos apresentam Jesus como que estando em um momento de grande transição. Ele está recapitulando toda a antiga tradição profética e reexpressando sua mensagem em termos do último grande aviso a Jerusalém e seus habitantes. "Arrependam-se", ordena ele, "deixem os maus caminhos e sigam o caminho de Deus, o caminho da paz, em vez de sua busca louca por rebelião nacional contra Roma. Do contrário, isso acabará em desastre". Talvez isso seja ainda mais explícito em Lucas 19, quando Jesus entra em Jerusalém montado em um jumento — em lágrimas, lamentando a destruição que virá sobre a cidade pelo fato de o povo ter recusado seu caminho de paz.

Ao mesmo tempo, Jesus antecipa um novo mundo, um mundo no qual ele próprio será o único sinal verdadeiro: apontando — como a "morte e ressurreição" simbólica de Jonas — para um chamado mundial ao arrependimento. Ao falar sobre guerras, fomes, terremotos e acontecimentos semelhantes, Jesus não diz: "Então,

| DEUS E A PANDEMIA |

CAPÍTULO 3

quando essas coisas acontecerem, pensem cuidadosamente sobre aquilo do qual você e sua sociedade devem se arrepender". Sua mensagem é: "Não tenham medo. É necessário que tais coisas aconteçam, mas ainda não é o fim" (Mateus 24:6). Se tivéssemos prestado atenção à sua exortação, teríamos menos ensinamentos alarmistas sobre o "fim dos tempos" — sejam eles do tipo defendido por Hal Lindsay, Lahaye e Jenkins ou derivados da nova onda atual. Teorias da conspiração abundavam no século 1, exatamente como hoje. Jesus empurra-as de canto e nos diz: "Fiquem calmos. Confiem em mim".

Particularmente — é notável quão pouco isso é observado — Jesus deu aos seguidores uma oração, que mais ou menos todas as tradições cristãs empregam até hoje, ancorando as principais ideias proféticas no *agora* do evangelho. Na oração do "Pai-nosso", seguidores de Jesus rogam todos os dias, não apenas quando uma crise global acontece: "Venha o teu Reino; seja feita a tua vontade, assim na terra como no céu". Também pedem, não apenas quando um acontecimento horrível age como catalisador: "Perdoa as nossas dívidas".

Ser povo do reino e povo da penitência são parte do discipulado. Estão na essência do que é seguir a Jesus. Fazer estas duas petições — a petição do reino e a petição do perdão — pode nos servir de alerta para as verdadeiras forças antirreino em operação no mundo, isto é, para a nossa verdadeira "dívida" (uns contra os outros; em nosso sistema político; contra o mundo natural, particularmente o reino animal; em nossa agricultura; nos sistemas atrelados à cadeia de suprimentos que desenvolvemos), das quais deveríamos ter nos arrependido há muito tempo.

Em outras palavras, se os seguidores de Jesus esperam acontecimentos especiais para incentivá-los a procurar o reino de Jesus na terra como no céu, ou pedir-lhes que se arrependam quando afundavam em pecados descuidados, então, como diz a expressão, eles estão "dormindo no ponto". Não quero dizer, claro, que cristãos nunca "dormem no ponto", ou que Deus não pode ou não lhes dá um puxão de orelhas ou uma sacudida para colocá-los de volta nos trilhos. Mas isso também é tratado na oração do Pai-nosso: "Não nos deixes cair em tentação, mas livra-nos do mal". Em certo sentido, aprender a seguir Jesus é simplesmente aprender a oração do Pai-nosso.

Se realmente fizermos isso, seremos libertos das falsas "explicações" que imaginam que o reino virá com sinais repentinos (apesar do fato de Jesus ter dito que não), ou que um novo acontecimento, após a época de Jesus, será um chamado global para o arrependimento (apesar do fato de Jesus ter visto em sua própria morte e ressurreição a convocação feita de uma vez por todas). Descobriremos a verdade que a carta aos Hebreus declara ao retratar Jesus como o último e maior dos profetas: antigamente, Deus realmente falou por meio dos profetas, "mas nestes últimos dias falou-nos por meio do Filho" (Hebreus 1:2).

Isso nos dá uma resposta vital para a pergunta subjacente a muitas especulações e argumentos sobre como aplicar a Bíblia a grandes e perturbadores acontecimentos do nosso tempo. O Novo Testamento insiste em colocar Jesus como imagem central e expandir a partir dele. No momento em que nos encontramos olhando para o mundo ao nosso redor e tirando conclusões sobre o que parece que Deus está fazendo, *mas sem olharmos cuidadosamente para Jesus*, corremos um sério risco de forçar uma "interpretação" que soa atraente, "espiritual" e inspiradora, mas que, na verdade, tira Jesus de cena. No velho dizer cristão: se Jesus não é senhor de tudo, então não é senhor de nada.

Desta forma, o que significa, em termos práticos, confiar em Jesus?

Jesus, afinal, é um só: o Jesus de Nazaré, que caminhou pela Galileia dizendo: *Agora*. Agora é a hora de

Deus se tornar rei; agora é a hora de se arrepender e crer na boa notícia. A todo momento, Jesus redefinia todas as antigas promessas sobre Deus tornando-se rei, sobre a boa notícia de que ele finalmente retornava para consertar tudo. Jesus redefiniu tudo em torno de sua própria visão. Foi por isso que ele contou "parábolas", histórias vívidas que diziam "sim" ao reino de Deus e "não" às maneiras pelas quais boa parte de seus contemporâneos via esse "reino", essa "soberania", esse "controle" divino.

Não se trata apenas de uma questão atrelada ao século 1, e sim de uma realidade vital para a nossa própria reflexão atual. Muita conversa sobre "o que Deus está fazendo na pandemia do coronavírus" pressupõe que ele é "soberano", *bem como o significado dessa "soberania"*. Jesus, porém, revelava um significado diferente de soberania divina. *Eis a soberania de Deus*, Jesus parecia dizer ao curar um leproso e anunciar o perdão, por sua própria autoridade, a uma mulher penitente. *Eis a soberania de Deus*, parecia dizer ao celebrar festas com todo tipo de pessoas erradas. *Eis a soberania de Deus*, parecia dizer ao subir a Jerusalém pela última vez e anunciar solenemente o último juízo de Deus sobre a cidade, o sistema e a instituição — o Templo — que recusaram o caminho da paz estabelecido por Deus. *Eis a soberania de Deus*, parecia dizer ao partir o pão na última noite com seus discípulos. *Eis a soberania de Deus*, parecia dizer quando encravado na cruz, com as palavras "rei dos judeus" acima da cabeça.

Eis a soberania de Deus, Jesus parecia dizer, três dias depois, a amigos que, atônitos, contemplavam-no no cenáculo.

A não ser que estejamos preparados para ver esses acontecimentos — acontecimentos relacionados a Jesus, ao momento messiânico — como o chamado definitivo ao arrependimento, já que constituem o anúncio final da chegada do reino de Deus, seremos obrigados a interpretar com excesso os demais acontecimentos como forma de compensação. Haverá um vácuo, um espaço em branco em torno de Jesus, e o preencheremos dizendo (como Jesus advertiu que faríamos): "'Aqui está ele' ou 'Lá está'" (Lucas 17:21).

Assim, para os primeiros seguidores de Jesus, sua morte e ressurreição constituíam agora o "sinal" único e definitivo. Profetas como Amós foram precursores. "Nestes últimos dias, falou-nos por meio do Filho", de uma vez por todas. Para nós, tentar ler o código secreto de Deus nas páginas dos jornais pode soar inteligente.

| Jesus e os Evangelhos |

Podemos até obter uma reputação de *insight* espiritual — mas, na verdade, estamos fazendo isso porque esquecemos onde a verdadeira chave para o entendimento deve ser agora encontrada.

Semelhantemente, qualquer reivindicação de interpretação a partir de acontecimentos mundiais sobre quando ocorrerá a "segunda vinda" é uma pretensão de saber mais do que o próprio Jesus (Marcos 13:32). A pessoa de Jesus é a razão pela qual a humanidade deve abandonar a idolatria, a injustiça e toda iniquidade. A cruz é o lugar onde todos os sofrimentos e horrores do mundo foram amontoados e tratados. A ressurreição é o lançamento da nova criação, seu governo salvador sobre a terra — a começar do corpo físico do próprio Jesus. Acontecimentos em torno dele são *a* convocação ao arrependimento e *a* pista do que Deus está fazendo no mundo agora. Concluir precipitadamente que um terremoto, um tsunami, uma pandemia ou qualquer outra coisa traduzem o que "Deus está dizendo aqui", sem levar em conta a história do evangelho, é cometer o erro teológico básico de tentar deduzir algo sobre Deus, mas ignorando Jesus.

Podemos ver essa mesma ideia na história de Jesus sobre os lavradores maus (Marcos 12:1-12, com paralelos em Mateus e Lucas). A história é conhecida: o proprietário da vinha envia mensageiros para obter parte dos frutos, mas os lavradores os rejeitam e até matam alguns deles. Por fim, o proprietário joga sua última carta: envia o seu único filho. "A meu filho respeitarão", ele pensa. Mas não é o que acontece. Os lavradores também matam o filho, e lançam-no fora da vinha. *Não haverá mais mensageiros depois disso*. A aplicação é óbvia. Jesus está dizendo: "Não haverá mais sinais de advertência após a morte do filho".

Em termos históricos, a ideia aqui é a seguinte: uma vez que o povo de Deus o rejeitou, perdeu sua última chance de evitar a destruição que, segundo Jesus advertiu, viria sobre a nação e particularmente sobre o Templo. No entanto, a mesma ideia se aplica igualmente à Igreja enquanto ela avança em sua incumbência. Aquilo que foi dito sobre o Único Deus enviando seu Filho para os lavradores da vinha — para o povo de Israel — passa a ser aplicado à missão da Igreja em prol do mundo. Se só existe um Único Deus, e se ele veio na pessoa de seu próprio Filho para desvendar seus propósitos de resgate para as nações, então não pode haver outros sinais, tampouco outros acontecimentos de advertência que se comparem com esse.

| Jesus e os Evangelhos |

É claro que Deus pode fazer o que quiser. Se quiser chamar a atenção das pessoas de uma maneira especial, só depende dele. (No dia em que escrevi isso, estava limpando a cozinha e me levantei de repente, batendo a cabeça na porta do armário. Levantando-me do chão, perguntei-me se Deus não queria me dizer alguma coisa. Minha única conclusão foi que estava tentando fazer muitas coisas ao mesmo tempo.) Mas essa não é a norma; não é o que devemos esperar. Não devemos ser como cavalos e mulas, sem entendimento, "controlados com freios e rédeas" (Salmos 32:9). De agora em diante, a convocação ao arrependimento e o anúncio do reino de Deus na terra como no céu não vêm por guerras, terremotos, fomes ou pragas. (Nem por acidentes domésticos.) Eles vêm por intermédio de Jesus. Pela história do próprio Jesus, contada, pregada e anunciada; pelo povo de Jesus, em cujas vidas ele mesmo vive por seu Espírito; pela estranha obra de Jesus, mesmo em partes do mundo onde seu nome não é reconhecido.

Se Deus deseja nos alertar sobre aquilo que está errado na forma como administramos o mundo — e isso me parece muito provável — seu alerta chegará até nós nos moldes de Jesus. Seu anúncio do reino de Deus é a norma de ouro. Existe uma boa razão pela qual a leitura de uma passagem dos Evangelhos é parte obrigatória de todas as repetições tradicionais da Última Ceia. São palavras de vida — que, por isso, também contêm palavras de advertência. Não haverá mais "mensageiros finais".

Ao falarmos sobre o reino vindouro de Deus e sobre o fato de ele já ter sido inaugurado pela obra de Jesus, vale lembrar o que isso realmente significa. Tanta desinformação sobre o assunto vazou para o cristianismo nos últimos cem anos que às vezes é difícil distinguir uma coisa da outra. Ao falarmos de "reino de Deus" ou do futuro definitivo de Deus, não importa o ângulo: o Novo Testamento insiste na ideia de que não se trata de almas salvas "indo para o céu" e deixando a "terra" para sempre. Expus tudo isso em *Surprised by Hope* [Surpreendido pela esperança] (2007), obra que tem uma influência considerável no que estamos dizendo agora.

Em Efésios 1:10, Paulo fala com entusiasmo a respeito do plano final de Deus: fazer convergir no Messias todas as coisas, no céu e na terra. O sonho platônico, tão popular em camadas pietistas cristãs (particularmente quando confrontadas com uma cultura secular desenfreada, que parece ter domínio sobre a "terra"), é simplesmente escapista. De fato, o mito moderno de que os primeiros cristãos esperavam o "fim do mundo" é uma leitura simplista e uma interpretação errada de textos relevantes do século 1. Jesus insistiu na afirmação de que o reino de Deus — sua soberania, seu governo salvador, na terra como no céu — estava sendo inaugurado por meio dele e de sua obra, e de que "alguns dos que aqui estão de modo nenhum experimentarão a morte, antes de verem o Reino de Deus vindo com poder" (Marcos 9:1).

Quando foi, então, que isso aconteceu? Segundo o próprio Jesus: "Foi-me dada toda a autoridade no céu e na terra" (Mateus 28:18). Não "*será* dada"; "*foi-me* dada". De acordo com Paulo, resumindo a mensagem do evangelho no início de sua maior carta, Jesus, "mediante o Espírito de santidade foi declarado Filho de Deus com poder, pela sua ressurreição dentre os mortos" (Romanos 1:4). Isso significa — ao contrário da concepção popular, cristã e não cristã — que Jesus já reina. Em 1Coríntios, Paulo fala do governo atual de Jesus sobre o mundo, começando por sua ressurreição e culminando com a sujeição de todos os "inimigos" — dos quais o último será a própria morte, uma consideração muito relevante neste momento (1Coríntios 15:25-26).

Como os Evangelhos descrevem o Jesus que, assim, encarna a soberania renovadora e resgatadora de Deus? Como, agora, deve ser essa "norma"? É neste ponto que encontramos o que torna a mensagem cristã tão distinta, capaz de colorir todas as nossas tentativas de entender ou interpretar os acontecimentos atuais.

Evidentemente, todos sabemos que Jesus morreu por crucificação, e cristãos bem ensinados desenvolveram várias maneiras de explicar a afirmação de que ele "morreu pelos nossos pecados" (1Coríntios 15:3). Em contrapartida, relativamente poucos captaram o *insight* central do evangelho, simbolizado no "título" colocado sobre a cruz: "rei dos judeus" — em hebraico, grego e latim. O próprio Jesus, em diversos ensinamentos, expressou sua morte iminente não apenas como "salvadora" no sentido tradicional de "salvar almas", mas também de "trazer o reino". Ao se deparar com dois de seus homens de confiança, Tiago e João, querendo os melhores assentos "no Reino", a resposta de Jesus foi a redefinição do próprio conceito de poder: "Aqueles que são considerados governantes das nações as dominam, e as pessoas importantes exercem poder sobre elas. Não será assim entre vocês. Pelo contrário, quem quiser tornar-se importante entre vocês deverá ser servo; e quem quiser ser o primeiro deverá ser escravo de todos. Pois nem mesmo o Filho do homem veio para ser servido, mas para servir e dar a sua vida em resgate por muitos" (Marcos 10:42-45).

| Jesus e os Evangelhos |

A própria vocação salvadora de Jesus redefiniu o significado de "poder" e "autoridade" de uma vez por todas. O que boa parte da tradição cristã ocidental fez o favor de ignorar — por separar "salvação" de "poder", como se os dois não estivessem intimamente correlacionados — é que a teologia da "expiação" se dá *no contexto* da redefinição de "poder", e vice-versa. O segredo do poder salvador de Deus é o amor abnegado do Filho encarnado.

O ponto é este: *se você quiser saber o que significa falar sobre Deus estar "encarregado" do mundo ou "no controle" ou ser "soberano", então o próprio Jesus o instrui a repensar a própria noção de "reino", "controle" e "soberania" em torno da morte dele na cruz.*

Podemos confirmar esse *insight* em uma das passagens mais penetrantes dos Evangelhos. Em João 11, Jesus e seus seguidores voltam para Jerusalém, a despeito de, ou talvez por causa de, uma forte suspeita de que um destino maligno o aguardasse na cidade. Eles se dirigem a Betânia. Já lhes chegara a notícia de que seu amigo Lázaro, particularmente querido por Jesus, estava doente; então, pouco tempo depois, de que já estava morto. Nesse ponto, o leitor de João se pergunta: por que Jesus, que curou o filho de um estranho à distância (João 4:43-54), não fez o mesmo por seu amigo?

CAPÍTULO 3

No entanto, a ideia é precisamente essa quando começamos a ver, com temor e tremor, no que pode implicar ser amigo de Jesus. João nos convida a ler nas entrelinhas. Quando, no decorrer da narrativa, Jesus ordena que tirem a pedra do túmulo a fim de chamar Lázaro de volta à vida, a primeira coisa que faz é agradecer a Deus em oração por tê-lo ouvido. Isso deve significar que, antes de viajar para Betânia, Jesus havia orado para que Lázaro, embora morto, não se decompusesse e estivesse pronto para ser ressuscitado. A pedra é retirada; o medo de Marta relacionado ao cheiro de putrefação não se concretiza (João não diz isso, apenas nos deixa implícita a informação). Jesus sabe que o caminho agora está livre. Ele permanece soberano sobre tudo: soberano em saber o que está acontecendo, o que custará à família passar por um momento tão terrível e o que ele fará como resposta. É tudo parte do mistério tenebroso que João nos revela, o mistério em que o próprio Jesus, em breve, descerá à morte com o objetivo de derrubar o "príncipe deste mundo" (12:31) e emergirá, do outro lado, em um novo tipo de vida. (Observe que Lázaro sai do túmulo ainda envolto em faixas; em João 20, Jesus as abandona.)

Eis o paradoxo. Conforme sugiro, ele serve de pista vital quanto ao modo como devemos procurar compreender nossa situação atual. O Jesus que orou, que está assumindo o controle, que sabe aquilo que está para fazer — esse Jesus *chora em frente ao túmulo do seu amigo* (João 11:35). Seria ridículo sugerir (como podemos imaginar a sugestão de alguns teólogos receosos) que ele estava apenas fingindo uma manifestação de emoção a fim de demonstrar simpatia por Maria e Marta. Não: as lágrimas de Jesus foram verdadeiras. O horror da morte — o fato de ela caçoar de tudo que é amável e belo — é imenso, mesmo para o Senhor da vida. Especialmente para o Senhor da vida. As lágrimas de Jesus no túmulo de Lázaro apontam para "agora meu coração está perturbado", em 12:27; às descrições de Mateus e Marcos sobre Jesus no Getsêmani; e ao terrível "Meu Deus! Meu Deus! Por que me abandonaste?" da própria cruz (Mateus 27:46; Marcos 15:34). A sequência — da qual poderíamos tratar em muitos detalhes — acrescenta ainda mais às formas complexas nas quais os diferentes Evangelhos entendem a noção do "poder", "controle" e "comando" divino, uma vez que a ideia central de "reino" é redefinida em torno de Jesus.

Voltemos ao túmulo de Lázaro, tendo em nossa mente o eco das questões atuais relacionadas ao coronavírus. Maria e Marta, e depois os que estavam por perto, todos

CAPÍTULO 3

sugerem, na prática, que a culpa é de Jesus. Ele poderia ter feito algo para impedir a morte de Lázaro: "Senhor, se estivesses aqui meu irmão não teria morrido" (João 11:21,32). Já a multidão pergunta: "Ele, que abriu os olhos do cego, não poderia ter impedido que este homem morresse?" (11:37). O mesmo questionamento ecoa através dos séculos, com cada nova tragédia: Por que Deus permitiu? Por que não interveio e impediu o desastre?

Como no caso do cego de nascença, Jesus não olha para trás para ver o que pode ou não ter acontecido. Pessoas o culparam, mas ele não culpará ninguém. Confiou em seu Pai, e agora olha para o futuro, a fim de ver o que deve, agora, acontecer. E o meio para esse fim é através das lágrimas. O Deus que João nos disse que se fez carne em Jesus de Nazaré é o Deus, a Palavra, que chora no túmulo do seu amigo. Seu gesto poderia ser a pista para muita sabedoria — sabedoria que precisamos desesperadamente neste exato momento.[1]

Assim, como Jesus deveria lidar com Marta, Maria e a multidão crítica? Jesus não vira a mesa e sugere que tudo

---

1 Uma argumentação semelhante é feita, a partir de um ângulo fascinantemente complementar, pelo artista japonês Makoto Fujimura em seu novo livro *Art and Faith: A Theology of Making* [Arte e fé: uma teologia da criatividade] New Haven: Yale University Press, 2020.

aconteceu porque eles eram pecadores e agora deveriam se arrepender. Ele apenas chora. E então — com uma autoridade nascida dessa mistura de lágrimas e confiança — ele ordena a Lázaro que saia do túmulo. Se existe uma palavra para a nossa situação atual, que enfrentamos não apenas uma pandemia, mas toda a subsequente agitação social e cultural, acho que podemos encontrá-la justamente na passagem que consideramos.

O que, então, aprendemos até aqui?

Em primeiro lugar, mostramos como Jesus redefine o significado de afirmarmos que Deus está no controle, no comando. Nós, no Ocidente, separamos as doutrinas da providência (a supervisão geral de Deus sobre tudo o que acontece) e da expiação (o perdão de Deus pelos pecados que cometemos por meio da morte de Jesus). O Novo Testamento se recusa a fazer o mesmo. *O próprio Jesus* se recusa a fazê-lo. No entanto, esse hábito se arraigou de tal modo na mente moderna que é possível a teólogos e escritores cristãos populares tentarem explicar os porquês de uma grande pandemia de um lado da sala, por assim dizer, e sugerir, do outro lado da mesma sala, que a pandemia nos dá uma oportunidade para dizer que Jesus morreu pelos nossos pecados e que poderíamos ir para o céu se confiássemos nele. O Novo Testamento

desconhece essa sala com dois lados separados. De alguma forma, devemos aprender a unir outra vez aquilo qu
nunca devia ter se separado.

Em segundo lugar, à medida que Jesus leva a tradiçã
profética do Antigo Testamento ao seu ponto culminar
te, ele a completa, aplicando seu significado pleno er
sua vida, morte e ressurreição. Sem dúvida, a partir d
então, Deus pode e usa todos os tipos de acontecimento
para nos alertar sobre as coisas que precisamos ver e que
do contrário, ignoraríamos. Contudo, quando isso acon
tece, não devemos interpretá-los independentemente d
Filho encarnado. No curso normal dos acontecimentos
temos de presumir que o "sinal" *par excellence* de tud
que o Único Deus fez, está fazendo e ainda fará é o pró
prio Jesus, o Messias de Israel, crucificado, ressuscitadc
exaltado e que um dia, segundo a promessa, retornar.
em glória: Jesus, o verdadeiro Senhor do mundo.

Assim, como devemos "ler" os acontecimentos d
mundo à luz da morte e ressurreição de Jesus? Para isso
passemos para o restante do Novo Testamento.

CAPÍTULO
4

LENDO O NOVO TESTAMENTO

O **Novo Testamento remete constantemente,** como quase todos os escritos judaicos o fazem, aos grandes acontecimentos fundamentais da Páscoa, quando Deus resgatou Israel da escravidão no Egito. O próprio Jesus fez da Páscoa o evento central à sua obra de anunciar o reino de Deus e à sua vocação para ir à cruz. Essa foi a razão pela qual ele escolheu a Páscoa como ocasião para sua última visita a Jerusalém e o motivo pelo qual, a fim de interpretar sua morte de antemão, deu aos discípulos uma refeição que pertencia à própria Páscoa, antecipando o que realizaria no dia seguinte.

Um aspecto fundamental da Páscoa — um dos fatos sobre a Páscoa! — é que *ninguém jamais disse que a escravidão de Israel no Egito resultou de seu pecado*. Evidentemente, na época de Jesus, a terrível situação do povo judeu (tendo sofrido nas mãos de Babilônia, Grécia, Síria e agora Roma) significava que os israelitas

| DEUS E A PANDEMIA |

CAPÍTULO 4

comumente interpretavam sua situação não apenas em termos da necessidade de um "novo êxodo", mas também de "perdão dos pecados", conforme prometido por Isaías e outros profetas. Sem dúvida, o exílio foi, da perspectiva dos profetas, resultado de pecado; portanto, o resgate do exílio resultaria do perdão. Todavia, a Páscoa nunca teve como fundamento o perdão. Jacó e seus filhos nunca foram modelos de virtude, mas Gênesis não faz qualquer conexão entre a transgressão dos patriarcas e os longos anos de escravidão. Na verdade, quando a fome atinge o Oriente Médio, a família de Jacó não lamenta: "Ah, é porque pecamos!". Antes, lemos: "Jacó soube que no Egito havia trigo" [cf. Gênesis 42:1]. Jacó e sua família não olham para trás, para o que poderia ter causado o problema. A reação deles é de expectativa sobre o que devia ser feito.

Isso estabelece um padrão para interpretarmos um dos exemplos mais interessantes dos primeiros dias da Igreja, capaz de nos servir de diretriz para a forma como responderemos adequadamente aos problemas atuais que enfrentamos.

Os primeiros capítulos de Atos pintam uma imagem nítida da vida da Igreja primitiva. O relato é um divisor de águas e tanto, diante de tantos acontecimentos e momentos dramáticos, de modo que pode ser fácil ignorarmos um incidente cheio de significado e relevante para o tema aqui abordado. Atos 11 nos leva à igreja de Antioquia da Síria, cerca de quatrocentos e oitenta quilômetros ao norte de Jerusalém. É uma cidade movimentada e cosmopolita, na confluência de rotas comerciais, na qual moram muitos estrangeiros e pela qual transitam pessoas de todas as nações. Pessoas de diversas nacionalidades passaram a crer em Jesus, e a Igreja está crescendo. Barnabé vem de Jerusalém para ver como anda a comunidade cristã e se encanta ao ver a graça de Deus, tão claramente em operação (11:23). Em seguida, sai à procura de Saulo (que passa a ser chamado de "Paulo", não muito tempo depois) e o leva para ajudar no trabalho do ensino e da pregação.

Foi nessa época que profetas itinerantes chegaram a Antioquia advindos de Jerusalém. Um deles, chamado Ágabo, levantou-se e disse à assembleia cristã que uma grande fome sobreviria ao mundo todo. Situações como essa aconteciam de vez em quando, repetindo o que, quase dois mil anos antes, levara Jacó e sua família para o Egito. Lucas comenta que a fome realmente ocorreu durante o reinado de Cláudio (i.e., 41—54 d.C.). A partir de outras fontes históricas, sabemos de mais de uma fome séria que ocorreu naquele período.

CAPÍTULO 4

Em resposta à profecia, o que dizem os seguidores de Jesus? Os cristãos de Antioquia *não* dizem: "deve ser um sinal de que o Senhor está voltando em breve!" ou "deve significar que pecamos, que o mundo inteiro pecou e de que precisa arrepender". Tampouco dão início ao jogo da culpa, apontando para as autoridades da cidade, de regiões adjacentes ou até do Império Romano, aqueles cujos maus-tratos ao ecossistema ou cuja manipulação das redes de distribuição pudesse ter contribuído para essa situação perigosa. A reação dos cristãos foi fazer três perguntas: quem correrá maior risco quando o problema acontecer? O que podemos fazer para ajudar? A quem enviaremos?

Alguns podem olhar para isso e pensar: "não há um pingo de teologia nessa resposta; não passa de uma reação pragmática!". Só que, na verdade, pensar assim é que corresponde a uma resposta "não teológica". Neste ponto, deparamo-nos com um dos grandes princípios do reino de Deus: o princípio de que o Reino, inaugurado por meio de Jesus, diz respeito à restauração da criação da forma como ela deveria ser. *Deus sempre quis trabalhar em seu mundo por intermédio de seres humanos fiéis*. Faz parte do que significa ser feito à "imagem de Deus". Assim, da mesma forma como, em João 9, Jesus diz que as obras de Deus serão reveladas — e em seguida vai e faz ele mesmo o que tinha de ser feito — podemos imaginar a igreja de Antioquia procurando descobrir, em oração, o que Deus estava fazendo — não o motivo subjacente à fome, mas o que deveria ser feito para ajudar — e discernir que, *o que Deus desejava fazer, desejava fazer por meio deles*. Isso é crer na obra do Espírito Santo. Antioquia era uma igreja ocupada e aparentemente próspera; a igreja de Jerusalém era pobre e, de vez em quando, perseguida.

Resolvido o que fazer, era apenas uma questão de considerar, em oração, a quem enviar. Penso que esse é o tipo de coisa que Paulo tem em mente quando, mais tarde, escreve aos cristãos romanos que Deus trabalha *com e por meio daqueles* que o amam para levar todas as coisas a um bom fim (Romanos 8:28). Voltaremos a esse tópico mais adiante.

(Repare, a propósito, numa característica da Igreja primitiva nessa história. Nunca, na história mundial, um grupo multiétnico de uma cidade sentiu, em virtude de qualquer vínculo fraternal, qualquer obrigação a determinado grupo étnico de outra cidade, localizada a cerca de quatrocentos e oitenta quilômetros de distância. Comunidades judaicas ao redor do mundo teriam entendido o princípio. Membros do serviço imperial romano podiam se enxergar como uma equipe ampla, dispersa por outras províncias. Mas a Igreja? Na passagem em questão, testemunhamos algo sem precedentes, e muito poderoso. Ao nos depararmos com as próprias questões sobre como ajudar, o exemplo de Antioquia deve estar sempre diante de nós. Qualquer que seja a resposta "cristã" à COVID-19, deve ser uma resposta na qual todos os cristãos possam participar).

A ideia é que, sob a "nova aliança" mencionada por Jesus na noite em que foi traído — uma referência a Jeremias 31 — a Igreja primitiva cria que Deus a capacitara por meio de sua presença pessoal. O Espírito fora dado a cristãos individuais, e ainda mais a cristãos reunidos em adoração corporativa, para que assumissem sua responsabilidade como os olhos e os ouvidos de Deus, suas mãos e pés, e cumprissem sua missão no mundo. É por essa razão que, desde o início, os primeiros cristãos olhavam para o mundo como Jesus olhara para o seu amado povo de Israel, e viam o que Deus queria fazer e dizer — então, discernindo-o em oração, agiam e falavam em nome do Senhor. Nosso conceito de "missão" corresponde precisamente a isso. Como o próprio Jesus disse, em João 20:21: "Assim como o Pai me enviou, eu os envio". Como

Jesus esteve em Israel, seus seguidores deveriam estar no mundo. A missão é cumprida dessa forma. Além disso, lembre-se: Jesus declarou isso a um pequeno grupo de seguidores que estavam com as portas trancadas e com medo. Soa familiar? Retornaremos a esse ponto.

A declaração programática do reino de Deus no Sermão do Monte (Mateus 5—7) não trata realmente de "ética", como as pessoas costumam imaginar em nosso conceito ocidental encolhido, e sim de missão. "Bem-aventurados os pobres de espírito... os mansos... os que choram... os pacificadores... os que têm fome e sede de justiça..." etc. É fácil presumirmos que Jesus está dizendo: "faça um esforço para ser dessa maneira e, se conseguir, será o tipo de indivíduo que eu desejo em meu reino". Só que a ideia não é essa! A ideia é que *o reino de Deus está sendo inaugurado na terra como no céu, e a forma como isso tem acontecido é pelo trabalhar de Deus por meio desse tipo de gente que Jesus citou*. Afinal, é comum que as pessoas observem o mundo e seus desastres e questionem: por que Deus simplesmente não invade a história e assume o controle? Por que permite catástrofes? Por que não envia um raio (ou talvez algo que se assemelhe um pouco menos com o que uma divindade pagã faria) e retifica todas as coisas? A resposta é que Deus *envia* raios, sim: raios humanos. Envia os pobres de espírito, os mansos, os que choram, os pacificadores, os que têm fome e sede de justiça. Eles são o meio pelo qual Deus deseja agir neste mundo. São mais eficazes do que qualquer relâmpago ou raio. Manifestarão iniciativa: verão as áreas de maior necessidade e procurarão supri-las. Chorarão nos túmulos de amigos e nos túmulos de inimigos. Alguns ficarão feridos; outros serão mortos. Essa é a história de Atos, do início ao fim. Haverá problemas, perseguições, imprevistos, naufrágios — mas o propósito de Deus se cumprirá. Essas pessoas, homens e mulheres humildes, fiéis e de oração, serão a resposta, não para a pergunta "por quê?", mas para a pergunta "o quê?": o que se deve fazer? Quem corre mais risco? Como podemos ajudar? A quem enviaremos? Deus opera todas as coisas *com e por meio* daqueles que o amam.

Isso não quer dizer que não haverá lições a serem aprendidas no devido tempo. De fato, posteriormente, faremos perguntas em uma escala mais global. Primeiro, porém, passemos às viagens e cartas de Paulo. Observo de passagem que o apóstolo, ao abordar uma situação em Corinto, onde um tipo de crise social está acontecendo — provavelmente outra fome — não diz aos coríntios para descobrirem que pecado foi cometido pela igreja ou por alguém. Paulo lhes diz, com um pouco de sabedoria prudente, que agora é melhor apenas aguentar, ver a crise passar, não tentar grandes mudanças de vida. O conselho se encontra em 1Coríntios 7: uma passagem controversa, mas creio ser isso o que está acontecendo. Sim, há uma crise; não, você não deve se alarmar. Apenas seja sábio sobre o que faz ou deixa de fazer durante a crise.

Talvez o ponto crucial se encontre em Atos 17. Paulo chega a Atenas e, seguindo seu costume, começa falando nas sinagogas judaicas; na ocasião, porém, também engaja com as pessoas na praça principal. Eu suspeito que o apóstolo tenha antecipado esse momento. Paulo crescera em Tarso, que, ao lado de Atenas, representava um dos principais centros de filosofia da época. Isso porque, em 86 a.C., Atenas foi devastada pelos romanos por ter apoiado os inimigos de Roma durante uma guerra. A maioria dos filósofos deixou a cidade. Muitos foram para Tarso. Paulo era bem versado em filosofia.

De qualquer maneira, o ensino de Paulo despertou não apenas interesse, mas suspeita. O mundo antigo tolerava seitas estranhas e novas. Pessoas adoravam deidades locais ou (no caso de Atenas) deusas, porém existiam numerosos outros templos e santuários. Normalmente, um pluralismo flexível era a ordem do dia. Entretanto, havia limites. Como amplamente sabemos, Sócrates caiu em desgraça aos olhos dos magistrados atenienses. O filósofo foi sentenciado à morte por corromper os jovens (isto é, ensinar-lhes ideias novas e estranhas, potencialmente subversivas à ordem social) e por introduzir "divindades estrangeiras". Paulo foi convocado para falar à corte do Areópago e, em particular, explicar o que queria dizer ao falar sobre "Jesus e Anastasis". *Anastasis* é a palavra grega para "ressurreição", de sorte que os atenienses pareciam pensar que Paulo ensinava sobre um novo deus (Jesus) e uma nova deusa (Anastasis). A convocação do apóstolo, então, não parece ter sido motivada por uma discussão filosófica, mas por uma acusação passível de morte.

À luz desse fato, o que Paulo faz é ainda mais interessante. Seu objetivo é de alguma forma explicar a existência do Único Deus, o qual julgará o mundo (lembre-se: o apóstolo está se dirigindo à alta corte ateniense!); e que esse juízo final será garantido e intermediado pelo homem Jesus, ressuscitado dentre os mortos. A ideia central é que essa mensagem *constitui um chamado ao arrependimento* (Atos 17:30-31).

"Ah", pensam alguns, "é exatamente o tipo de mensagem que esperávamos". Mas reflita por um instante sobre o que Paulo *não* faz. Ele poderia ter tirado da cartola alguns exemplos de desastres recentes. A cidade já tinha enfrentado fome, bem como grandes lutas sociais e políticas. O apóstolo podia tê-los remetido a um período não muito distante, um século antes, quando Atenas deu apoio político aos inimigos de César; e Roma, sem levar em consideração o passado da civilização ateniense, destruiu a cidade por completo. Em termos de religião antiga, a mensagem que tudo isso transmite é: "os deuses devem estar irados". Soa muito como uma convocação para o arrependimento.

Todavia, Paulo não segue esse caminho. Simplesmente se refere a um grande sinal: Deus está chamando todas as pessoas, em todos os lugares, ao arrependimento *pelos acontecimentos concernentes a Jesus*. O próprio Jesus é o Grande Sinal. Paulo não permitirá que nada mais se sobreponha a isso. O próprio Jesus alertou que Deus não levantaria mais profetas para advertir. Após o dono da vinha ter enviado seu filho, fez a oferta definitiva e irrepetível. Essa é a lógica por trás do discurso cauteloso de Paulo. O apóstolo fala (como muitos têm feito hoje) do reino de Deus, da necessidade de as pessoas se arrependerem; mas o argumento não depende de nenhum acontecimento aleatório, nem de uma grande crise que acabou de ocorrer, mas dos fatos relacionados ao próprio Jesus.

CAPÍTULO 4

Sugiro, então, do tempo de Jesus em diante, observarmos seus seguidores falando às pessoas sobre o reino de Deus e convocando-as ao arrependimento — não por causa de qualquer acontecimento subsequente, como fomes ou pragas, mas por causa da pessoa de Jesus.

Apesar disso, um dos livros primitivos cristãos parece seguir em direção oposta: o livro de Apocalipse. Nele, encontramos uma sequência de "pragas" (caps. 8 e 9), modeladas nas pragas do Egito, quando Moisés confrontou o faraó. Isso não nos mostra que haverá "sinais" *mais* dramáticos como prelúdio para a destruição da grande cidade, "Babilônia", interpretada normalmente como Roma.

Acredito que não. Para começar, o livro de Apocalipse, conforme sabemos, é cheio de imagens fantásticas que certamente não devem ser tomadas literalmente — isto é, como uma "transcrição de vídeo" do que "em breve há de acontecer". De certa forma, é como se o livro inteiro simplesmente extraísse seu significado da revelação primária, ou seja, da revelação do próprio Jesus (1:1-16). O título do livro é "Revelação de Jesus, o Messias" (1:1). Cabe ao próprio Jesus — o Leão-Cordeiro — a tarefa de levar adiante todo o projeto de Deus que lhe foi confiado (5:6-14). Tudo que segue no livro, então, não é outra coisa *senão* a revelação da verdade de Jesus. Certamente, podemos aplicá-la ao mundo de diversas maneiras. Mas o importante é a vitória do Cordeiro, já conquistada na cruz.

O único sentido em que se pode dizer que essa vitória se estende com o passar do tempo está no sofrimento e no testemunho dos seguidores do Cordeiro. Vemos essa ideia em Apocalipse (6:9; 7:14-17). Os primeiros seguidores de Jesus sabiam que esse sofrimento não era, em termos teológicos, *diferente* dos sofrimentos enfrentados pelo próprio Jesus, assim como também sabiam que a testemunha era o próprio Filho de Deus que, por seu Espírito, anunciava a boa notícia através deles. É parte do mistério pelo qual os cristãos se autocompreendiam, cientes de serem habitação do Espírito de Jesus e parte de uma identidade que ia além de si mesmos, ou seja, da realidade messiânica do próprio Jesus. É por isso que Paulo podia falar, em uma passagem dramática (Colossenses 1:24), "completo no meu corpo o que resta das aflições de Cristo, em favor do seu corpo, que é a igreja". A morte do Messias, ocorrida uma vez para sempre, é proclamada e retratada aos olhos do mundo — às vezes visivelmente, na forma dos próprios sofrimentos do apóstolo. Paulo afirma algo semelhante em 2Coríntios 4 e 6. (Talvez seja esse também o significado de uma passagem obscura de Gálatas 3:1-5, na qual ele fala de Jesus sendo

| DEUS E A PANDEMIA |

CAPÍTULO 4

"exposto publicamente como crucificado". É prováv[el] que o apóstolo se refira à sua própria chegada às cidade[s] da Galácia em um estado lastimável, depois de ter sid[o] apedrejado). Paulo era uma parábola ambulante do evan[ ]gelho do Messias crucificado.

O GEMIDO DA CRIAÇÃO

Tudo isso nos remete a uma das passagens mais im[ ]portantes em nossa busca de como nós, seguidores d[e] Jesus, devemos abordar a questão do coronavírus. Passe[ ]mos a contemplar, admirados, o maior capítulo da maio[r] das cartas de Paulo: Romanos 8.

Aqueles que estão familiarizados com os escritos d[e] Paulo sabem que Romanos 8 é cheio de fé, esperança [e] amor. O capítulo começa com a grande declaração d[e] que "não há condenação para os que estão em no Mes[ ]sias, Jesus", explicando que Deus "condenou o pecado na morte de Jesus e deu ao seu povo o Espírito com[o] garantia da ressurreição dos mortos. A passagem termin[a] com um grande brado de louvor:

> Em todas as coisas somos mais que vencedores,
> por meio daquele que nos amou. Pois estou
> convencido de que nem morte nem vida, nem

> anjos nem demônios, nem o presente nem o futuro, nem quaisquer poderes, nem altura nem profundidade, nem qualquer outra coisa na criação será capaz de nos separar do amor de Deus que está no Rei Jesus, nosso Senhor. (Romanos 8:37-39).

O capítulo descreve uma casa em que todos desejamos morar. Se há algo que sabemos sobre o cristianismo, é que ele nos fala desta vitória: da vitória sobre todos os poderes das trevas, dentro e fora de nós, e da segurança que temos na era presente e na era vindoura. Tudo por causa do amor de Deus, derramado na morte de Jesus. Contudo, para irmos do início ao fim desse capítulo maravilhoso, temos de passar pelo meio; e é lá que encontramos uma passagem estranha, que normalmente escolhemos pular — exceto, talvez, em tempos como os que estamos vivendo, quando somos levados de volta a porções bíblicas mais obscuras por conta das circunstâncias.

Paulo descreve como todos os seguidores de Jesus, tendo recebido o Espírito de Deus, estão sendo guiados por esse mesmo Espírito à "herança" que os aguarda. O apóstolo se baseia explicitamente nos temas judaicos centrais do Êxodo e da Páscoa. Libertados do Egito, os filhos de Israel foram conduzidos pelo próprio Deus através do deserto e chegaram à sua "herança", a terra prometida. Não foi fácil para eles. Também não será fácil para nós, em nossa peregrinação. De fato, Paulo o coloca da seguinte forma:

> O próprio Espírito testemunha ao nosso espírito que somos filhos de Deus. Se somos filhos, então somos herdeiros; herdeiros de Deus e coerdeiros com o Messias, se de fato participamos dos seus sofrimentos, para que também participemos da sua glória. (Romanos 8:16,17).

Sofrimento, ao que tudo indica, é o caminho inevitável que devemos trilhar, ainda que, conforme Paulo não demora a acrescentar, tal sofrimento não passe de algo trivial comparado com "a glória que em nós será revelada".

Só para deixar claro: nesse texto, "herança" não quer dizer "céu", como muitos cristãos imaginam. "Glória" não diz respeito a ir para o céu e brilhar como os anjos. "Herança" é toda a criação restaurada, a realidade completa do céu e da terra, renovada de cima para baixo, na qual toda forma de corrupção, morte e decadência foram abolidas para sempre (cf. Apocalipse 21). Trata-se do movimento final de uma longa sequência. No Antigo Testamento, a "herança" sofre uma extensão: começa com a terra que Deus prometeu a Abraão (Gênesis 15) e passa a abranger o mundo inteiro, que Deus prometeu, posteriormente, a Davi (Salmos 2). Os primeiros cristãos não trocaram a promessa da herança por um céu "de outro mundo", a favor do qual teremos de abandonar a "terra". Antes, entenderam o cumprimento da promessa como o céu finalmente vindo à terra, confirmando algumas passagens proféticas gloriosas, segundo as quais "a terra se encherá do conhecimento do SENHOR, como as águas cobrem o mar" (cf. Salmos 72:19 com Isaías 11:9 e passagens semelhantes).

"Glória", então, não é uma simples luminescência. Naturalmente, não podemos dizer como será nossa fisicalidade transformada na nova criação de Deus. O corpo ressuscitado de Jesus tinha propriedades estranhas (entrar e sair por portas trancadas, mas também comer, beber, capacidade de tocar e ser tocado), mas não brilhava — embora tivesse brilhado anteriormente, na transfiguração. Quem sabe como será esse corpo? Não importa. O importante é que a "glória" de Romanos 8, como em Salmos 8 — texto em que o ser humano é retratado como coroado "de glória e de honra" — consiste no tão aguardado *governo* dos seres humanos redimidos sobre a criação de Deus. Paulo diz a mesma coisa em Romanos 5:17, correspondendo à descrição da vocação dos remidos em Apocalipse 5:10 e em outros trechos bíblicos.

Mas como será esse governo? Neste ponto, voltamo ao tema *como Deus quer governar seu mundo*. Aind abordamos essa questão com ideias medievais de um mo narca à frente de um exército, varrendo tudo diante d si; ou talvez com ideias do século 18 com relação às má quinas, que simplesmente funcionam da maneira com o inventor pretendia. De qualquer forma, muitas vezes supomos que o modo divino de "controle" do mundo como o de um monarca medieval ou um relojoeiro, ou uma mistura de ambos. Assim, se algo estranho acontece no mundo, concluímos que deve ser isso que Deus pre tendia, ou o que pelo menos permitiu. Então, tentamos extrair inferências do acontecimento ("se Deus permitiu que *isto* acontecesse, é porque está tentando nos dizer alguma coisa"). Reitero o que expus no capítulo anterior Deus pode fazer o que quiser. Se escolhe, em ocasiões especiais, realizar ou permitir certas coisas para deter minados fins, a decisão cabe a ele, não a nós. Contudo, apenas porque essa possibilidade existe, não podemos usá-la como pretexto para escapar do desafio pessoal e teológico da passagem a seguir, encontrada no coração de Romanos 8:

> A natureza criada aguarda, com grande expectativa, que os filhos de Deus sejam revelados. Pois ela foi submetida à inutilidade, não pela sua própria escolha, mas por causa da vontade daquele que a sujeitou, na esperança de que a própria natureza criada será libertada da escravidão da decadência em que se encontra, recebendo a gloriosa liberdade dos filhos de Deus. (Romanos 8:19-21).

Em outras palavras: Deus sempre quis governar seu mundo *por meio* do ser humano. Faz parte do que significa ser feito à imagem de Deus. Tal propósito foi gloriosamente cumprido no ser humano Jesus; e a forma como a criação finalmente se transformará naquilo que sempre deveria ter sido acontecerá por meio do governo sábio, salvador e restaurador de seres humanos renovados e ressuscitados. Todos aqueles nos quais o Espírito habita devem portar a "imagem de seu Filho", como Paulo coloca no versículo 29.

Mas o que isso significa na prática, afinal?

Significa que, quando o mundo passa por grandes convulsões, seguidores de Jesus são chamados a ser *pessoas de oração no lugar em que o mundo está sofrendo*. Paulo o coloca da seguinte forma, em um movimento de

CAPÍTULO 4

três estágios: primeiro, o gemido do mundo; segundo, o gemido da Igreja; terceiro, o gemido do Espírito — *na* Igreja e *no* mundo. Essa é a resposta definitiva, creio eu, para aqueles que querem dizer que a atual crise do coronavírus é uma mensagem clara de Deus, capaz de ser prontamente decodificada — seja como um sinal do Fim, um chamado para o arrependimento, ou simplesmente o pretexto para um tipo mais agressivo de evangelismo. Veja como Paulo o expressa:

> Sabemos que toda a natureza criada geme até agora, como em dores de parto. E não só isso, mas nós mesmos, que temos os primeiros frutos do Espírito, gememos interiormente, esperando ansiosamente nossa adoção como filhos, a redenção do nosso corpo. Pois nessa esperança fomos salvos [...].
> Da mesma forma, o Espírito nos ajuda em nossa fraqueza, pois não sabemos como orar, mas o próprio Espírito intercede por nós com gemidos inexprimíveis. E aquele que sonda os corações conhece a intenção do Espírito, porque o Espírito intercede pelos santos de acordo com a vontade de Deus. (Romanos 8:22,23a,26,27).

Repare que Paulo segue na contramão de alguns seguidores de Jesus nos dias de hoje. Eis o mundo, gemendo com dores de parto: sim, reconhecemos bem a imagem. Em toda a minha vida nunca houve um tempo assim. As consequências não têm sido apenas milhares de mortes, mas também o estresse e a angústia de milhões de pessoas isoladas, sem companhia e ajuda; ou à mercê de parceiros abusivos; ou perdendo o emprego e outros meios de subsistência. Há também aqueles cujo temperamento os mergulha na escuridão, depois de alguns dias de confinamento em casa. Sabemos de tudo isso. Como a Igreja deveria se posicionar, então, em meio a esse caos?

Conforme vimos, alguns defendem que o papel da Igreja é comentar à distância: "é porque vocês são todos pecadores! É porque o Fim está próximo! Sabemos o que está acontecendo e precisamos contar a vocês!". Contudo, esse não é o ensino de Paulo. Este apóstolo afirma que os seguidores de Jesus são apanhados no mesmo "gemido". Estamos dolorosamente conscientes de uma grande lacuna entre as pessoas que somos agora (fracas, frágeis, confusas, corruptíveis) e as pessoas que seremos (ressurretas dentre os mortos para uma existência física gloriosa, nova e imortal). No momento, significa que compartilhamos do gemido da criação. Nossa própria condição de fragilidade deve levar-nos a questionar algumas das posturas que temos assumido no momento.

Aquilo que, acima de tudo, a Igreja deveria estar fazendo é *orar*. Mas esta é realmente uma oração estranha. Estamos no coração de um dos capítulos mais gloriosos das Escrituras, no qual Paulo nos diz: *"não sabemos a respeito do que orar. Estamos perdidos!"*. O apóstolo sugere que não é algo de que devemos nos envergonhar. Trata-se de uma condição natural, de uma espécie de exílio; de uma espécie de jejum; de um momento de não saber, de não estar no "controle", de não compartilhar o que podemos pensar como "glória".

No entanto, é precisamente nesse momento que somos apanhados na vida interior e Triúna de Deus. Aqui jaz o mistério sombrio para o qual nossa situação atual pode nos alertar: a única coisa que sabemos de tudo isso é que "não saber" é, por si só, a condição certa. Há um sentido em que esta é a versão profundamente cristã do princípio de Sócrates: o filósofo não reivindicava saber muito, mas sabia que não sabia e, assim, continuava a fazer perguntas. Traduza isso para uma vida totalmente trinitária e é isto que você obtém: no exato momento m que descobrimos que nós mesmos "gememos" e não sabemos o que dizer ou fazer, descobrimos, no mesmo instante, que o próprio Deus — Deus, o Espírito Santo — está "gemendo" também, com gemidos inexprimíveis.

Um padrão emerge disso. Aqueles que há muito refletem sobre a história de Jesus o reconhecerão. Esperamos que Deus esteja, conforme diríamos, "no controle": assumindo o controle, resolvendo os problemas, fazendo as coisas acontecerem. *Mas o Deus que vemos em Jesus é aquele que chora ante ao túmulo de seu amigo.* O Deus que vemos em Jesus é o mesmo Espírito divino, que geme sem expressar palavras. O Deus que vemos em Jesus é aquele que, para demonstrar o significado de "estar no controle", faz o trabalho de um escravo e lava os pés dos discípulos.

Pedro, falando mais do que sabia, julgou que tudo aquilo era errado. Jesus deveria ser a figura dominante, e ele, Pedro, lutaria por Cristo! (João 13:6-10,37,38). A Igreja sempre se depara com tentações semelhantes às de Pedro: governar o mundo de maneira "comum", se necessário até lutando, mas então desmoronar com a chegada dos problemas. Em vez disso, o que é dito a respeito do Espírito de Deus em Romanos 8 lembra inevitavelmente o que vemos em Deus, o Filho, em João 13. Com isso corroboram as palavras do hino:

> Esforçamo-nos por ver-te no alto, em tua glória
> Quando te vê aquele que para baixo olha.

Então, o que estamos dizendo? Que a nós, seguidores de Jesus, não apenas nos falta quaisquer palavras para dizer, ou grandes pronunciamentos sobre "tudo o que isso significa" para alardear ao mundo (e, de qualquer modo, o mundo nem sequer deseja nos escutar); como também a nós, seguidores de Jesus, será inevitável o aprisionamento em meio aos gemidos da criação; logo descobrimos que, ao mesmo tempo, Deus, o Espírito, está gemendo dentro de nós. *Essa é a nossa vocação: orar, talvez sem palavras, no lugar onde o mundo sente dor*. Neste exato momento, encontramo-nos chorando de tristeza pela morte de um amigo ou membro da família, pela impossibilidade de eles terem um funeral adequado, pelo horror de milhões dentre os mais vulneráveis do mundo, que correm maior risco; ou simplesmente pelas pessoas às quais a quarentena se revela inerentemente deprimente. Nesses momentos, quando qualquer palavra que tentamos articular sai em forma de soluços ou lágrimas, devemos nos lembrar de que é assim que Deus, o

Espírito, quer estar presente no coração de uma criação aflita. Sim: como o próprio Jesus, aclamado como "rei dos judeus" na cruz ao partilhar da agonia de Israel e do mundo. A redefinição de "controle", "reino" e "soberania" que encontramos no restante do Novo Testamento, particularmente no próprio Jesus, alcança, nesse contexto, sua verdadeira profundidade.

A fim de entender este estranho fenômeno — o próprio Deus, o Espírito Santo, aparentemente incapaz de expressar palavras, mas apenas gemidos! — Paulo retorna a Salmos 44, um grande salmo de lamento. Deus é aquele que sonda os corações e sabe exatamente o que está acontecendo. Quando nosso coração geme, em meio ao gemido de toda a criação, o Deus que sonda os corações — em outras palavras, Deus Pai — conhece a "mente do Espírito", como algumas traduções o colocam. Deus Pai conhece a mente do Espírito; mas a mente que o Pai conhece com intimidade é aquela que não expressa palavras.

Ousaríamos, então, dizer que Deus, o Criador, deparando-se com seu mundo em processo de ruína, encontra-se ele mesmo em lágrimas, ainda que continue sendo o Deus da suprema Providência? Essa seria a resposta de João, se a história de Jesus, frente ao túmulo de Lázaro, serve-nos de alguma diretriz. Poderíamos então dizer que Deus, o Criador, por cuja Palavra todas as coisas foram criadas e declaradas "muito boas", não encontra palavras apropriadas para dizer frente à miséria de uma criação fora de sintonia? A resposta de Paulo, a partir da passagem em questão, parece apontar para essa direção. O perigo de falarmos palavras confiantes a um mundo desconjuntado é que encaixamos palavras à distorção e, assim, falamos palavras distorcidas — tudo para proteger a perspectiva de uma divindade que não pode manifestar outra coisa além de "estar no controle" o tempo todo.

A essa altura, claro, alguém pode citar Romanos 8:28, que é normalmente traduzido da seguinte maneira: "Todas as coisas cooperam para o bem daqueles que amam a Deus". Essa é a linha adotada pela Almeida Revista e Atualizada (ARA), pela Almeida Revista e Corrigida (ARC) e uma das opções da Nova Versão Internacional (NVI), entre outras. É nisso que muitos cristãos foram educados a acreditar, levando-os a pensar que, em todo e qualquer desastre, poderiam dizer: "de alguma forma, isso resultará em algo bom". Contudo, muitos que interpretam a passagem dessa forma — e encontraram nessa interpretação, deixemos isso claro, certo tipo de consolo — não levam em conta os versículos anteriores. "Parecem bastante estranhos, mas não importa: Deus dará um jeito!" Às vezes, tal interpretação lança um cobertor quase estoico sobre qualquer coisa ruim que acontece: "afinal, todas as coisas cooperam para o bem".

Podemos realmente chamar essa ideia de consolo cristão? A passagem que temos analisado advoga esse tipo de "aceitação" passiva? Seria essa uma resposta adequada ao desastre do coronavírus?

Penso que não. Nesse aspecto, fui auxiliado por alguns estudiosos cujas obras recentes defendem fortemente uma abordagem alternativa, a qual, embora ocasionalmente sugerida, nunca foi amplamente aceita. (Cf. Haley G. Jacob, em *Conformed to the Image of his Son*[2] [Conformados à imagem de seu Filho]; e Sylvia C. Keesmaat e Brian J. Walsh, *Romans Disarmed*[3] [Romanos desarmado]. Suas soluções são semelhantes, mas não idênticas, à proposta de Robert Jewett, *Romans*[4] [Romanos].)

O caminho adiante é desafiar dois pressupostos comuns sobre o texto.

Primeiro: "todas as coisas" exerce a função de sujeito da oração? No capítulo mais centralizado em Deus de

---

2 Downers Grove: IVP Academic, 2018, p. 245-51.
3 Grand Rapids: Brazos, 2019, p. 375-379.
4 Minneapolis: Fortress Press, 2007, p. 527.

toda a carta aos Romanos, Paulo realmente nos diz que "todas as coisas" têm um tipo de energia e operação interna e independente?

Não. Na verdade, é muito mais provável que "Deus" seja o sujeito. Alguns manuscritos antigos acrescentam *ho theos*, "Deus", para deixar isso claro. Afinal, Deus é o sujeito do versículo anterior, embora referido como "aquele que sonda os corações". O Espírito é o sujeito da segunda oração (v. 27: "o Espírito intercede pelos santos de acordo com a vontade de Deus", mas esse ponto é subordinado à oração principal, na qual o sujeito principal é o "aquele que sonda os corações" — ou seja, Deus Pai. É mais fácil pressupor que a ideia é transferida para o versículo 28, no qual Deus é mencionado duas vezes ("daqueles que *o* amam" e "de acordo com o *seu* propósito"), sugerindo que ele já está presente na construção da oração. "Deus", então, é claramente o sujeito do trecho seguinte (v. 29-30).

Alguns, entretanto, argumentam que "Espírito", sujeito do versículo 26 e mencionado na segunda metade do versículo 27, corresponde ao sujeito principal (em vez de "todas as coisas" ou "Deus"). A maioria dos estudiosos, porém, acha essa construção menos provável.

Segundo, e ainda mais importante: por que estamos tão certos de que o versículo 28 fala de Deus trabalhando em todas as coisas *para o bem* daqueles que o amam? Essa é a leitura "normal" oferecida pela NVI e por outras traduções, mas, conforme vimos, ela pode ser reajustada — seja com "todas as coisas" cooperando para o bem (ARA), com "Deus" agindo em todas as coisas para o bem (NVI) ou tendo "o Espírito" como sujeito. A ARA, tomando "todas as coisas" como sujeito, traduz o trecho como "todas as coisas cooperam para o bem daqueles que amam a Deus". O texto principal da NVI parafraseia, colocando "Deus" como sujeito e "daqueles que o amam" como beneficiários: "Deus age em todas as coisas para o bem daqueles que o amam". Segui essa linha em minha própria tradução (*The New Testament for Everyone* [O Novo Testamento para todos]): "Deus opera todas as coisas, de forma conjunta, para o bem daqueles que o amam".

O problema é que o verbo não significa "trabalhar *para o benefício de*"; significa "trabalhar *com*". A palavra empregada pelo apóstolo não é o termo comum para trabalho, *ergazomai*. A palavra é *synergeō*, "trabalho conjunto". O afixo *syn-* significa "juntamente", "em conjunto" ou "com".

Paulo emprega o mesmo vocábulo em duas outras ocasiões. Em 1Coríntios 16:16, fala sobre os "cooperadores" que labutam com ele e com toda a Igreja. Em 2Coríntios 6:1, resume a passagem anterior (sobre Deus trabalhar *por meio* dos apóstolos, como um monarca que atua por meio de embaixadores) ao dizer que "coopera" com Deus.

Isso sugere que, se Paulo fala aqui sobre o trabalhar de Deus, a ideia é o seu trabalhar *com* as pessoas, fazendo o que deseja no mundo — não sozinho, mas por agentes humanos. Naturalmente, a ideia é comum na teologia bíblica, pois remonta à vocação dos seres humanos como portadores da imagem divina (cf. Gênesis 1 e Salmos 8).

O substantivo cognato, *synergos*, é mais comum do que o verbo. Paulo o emprega onze vezes como referência aos seus colegas, pessoas que *trabalham com* ele. Em certa ocasião, utiliza-o para expressar o seguinte: "nós, os apóstolos, somos colaboradores de Deus, trabalhando em parceria com ele" (1Coríntios 3:9). Esse parece ser o ponto aqui. Deus trabalha todas as coisas em direção ao bem final *juntamente com e por meio daqueles* que o amam.

Teríamos um significado semelhante tomando "o Espírito" como sujeito. É o que Robert Jewett sugere em seu comentário. Essa parece ser a linha adotada por algumas traduções inglesas (*New English Bible* [NEB] e *Revised English Bible* [REB]): "e em todas as coisas... ele [o Espírito] coopera para o bem com aqueles que amam a Deus".

Mas eu prefiro a sugestão encontrada na margem da NEB, que se aproxima do que tem sido proposto por Jacob e por Keesmaat e Walsh: "O próprio Deus coopera para o bem juntamente com aqueles que amam a Deus". A ideia é implícita na *Revised Standard Version* (RSV) ("em tudo Deus trabalha para o bem *com* aqueles que o amam") e é sugerida como segunda alternativa na margem da NVI ("Sabemos que em todas as coisas Deus coopera juntamente com aqueles que o amam, para trazer à existência o que é bom"). O Espírito, como nos versículos 16, 26 e 27, é aquele que trabalha no cristão, de modo que a combinação Espírito-e-cristão forma a unidade conjunta, com a qual o Pai coopera. De fato, o próprio lamento inexprimível, descrito no versículo 26, é quando Deus Pai e o Espírito Santo trabalham em conjunto, e o cristão, apanhado no meio, participa desse intercâmbio estranho, porém vital.

Portanto, o incentivo e o consolo de Romanos 8:28 não se resumem a um tipo de resignação estoica. Antes, funcionam como um chamado ao reconhecimento daquilo que Paulo diz em outras passagens: que somos chamados a trabalhar arduamente, sabendo que Deus é quem opera através de nós. Ao que tudo indica, esse trabalho acontece principalmente pelo sofrimento com o Messias, a fim de partilharmos da "imagem" de sua "glória" humana (8:17,29). Quando Paulo fala de cristãos como "aqueles que amam a Deus", parece fazer referência à comunicação que acabou de descrever, que consiste em um lamento profundo demais para ser expresso com palavras.

A última frase do versículo ("chamados de acordo com o seu propósito"), então, não descreve o propósito de Deus para essas pessoas — isto é, a salvação final dos cristãos — mas seu propósito *através* delas. Deus as "chamou" para tomarem parte em seu propósito salvador, em prol de seu mundo sofredor. Cristãos, neste ponto, podem não ter palavras para expressar seu lamento. Mas ainda assim têm trabalho a ser feito: na cura, no ensino, na assistência ao pobre, em campanhas sociais, no consolo dos abatidos. Como na igreja de Antioquia, podemos não saber *o porquê* da pandemia, mas podemos vislumbrar *o que* deve ser feito: Quem corre mais risco? Como podemos ajudar? A quem enviaremos? Ironicamente, tem sido fácil, em algumas tradições cristãs, fazer uma inversão: temer a adição de "obras" para que não se comprometa a graça e a fé, mas apenas preparar-se para acrescentar palavras explicativas a contextos que, como Paulo insiste, até o Espírito permanece inarticulado.

Paulo não propõe, então, uma versão cristã do estoicismo. Pelo contrário: oferece uma imagem, modelada em Jesus, de uma providência redentora e sofredora, na qual o povo de Deus não é simplesmente espectador, nem apenas beneficiário, mas participante ativo. Cristãos são "chamados segundo o seu propósito", já que Deus agora usa os gemidos do seu povo, que partilha da dor do mundo, como veículo para a própria obra do Espírito — o mesmo Espírito que mantém essa tristeza perante o Pai e cria o contexto para múltiplas obras de cura e esperança. Tais pessoas que amam a Deus são, portanto, moldadas à imagem do Filho: o padrão cruciforme no qual a justiça e a misericórdia de Deus, sua fidelidade à aliança e à criação, são exibidas perante um mundo abatido por lágrimas, dores e lamentos.

Essa é a nossa vocação no tempo presente.

CAPÍTULO 5

PARA ONDE VAMOS DAQUI?

POR QUE DEVEMOS LAMENTAR?

NSTEI COM VOCÊ PARA QUE visse e aceitasse o lamento como a principal resposta cristã a esta pandemia. Cerca de um terço dos salmos bíblicos lamentam que as coisas não são como deveriam. Palavras que os salmistas empregam são de queixa: questionamento, tristeza, raiva, frustração e, muitas vezes, amargura. Todos fazem parte do livro de oração do próprio Jesus, e o Novo Testamento se apoia neles livremente para expressar não apenas o nosso próprio lamento, mas também o caminho de Jesus.

A oração do Pai-nosso é o "padrão". Procuramos sinais repentinos do Fim? Não. Oramos todos os dias: "Venha o teu Reino; seja feita a tua vontade, assim na terra como no céu". Sabemos que *essa* oração será respondida por causa do que sabemos sobre Jesus.

Procuramos novos e repentinos chamados ao arrependimento? Não. Oramos todos os dias: "Perdoa as nossas dívidas, assim como perdoamos aos nossos devedores". Sabemos que *essa* oração será respondida por causa do que sabemos sobre Jesus.

Estamos, então, à procura de novas razões para deixar nosso estilo de vida confortável e contar a boa notícia aos nossos vizinhos? Seria uma vergonha se precisássemos de uma pandemia para chegar a esse ponto. O mandamento de Jesus não foi suficiente? "Assim como o Pai me enviou, eu os envio". Como Paulo sabia em Atenas, você não precisa de sinais extras. Como na maioria dos casos, muito alarde se reduz a nada. Você precisa de Jesus: de seu reino vivificante; de sua ascensão à soberania; da promessa de sua vinda para unificar o céu e a terra, em uma gloriosa renovação final. Toda tentativa de adicionar novos "sinais" a essa narrativa a diminuiu. Sugere que, na parábola de Jesus dos lavradores maus, o proprietário tinha mais alguns mensageiros que poderia enviar, mesmo depois de ter enviado seu único filho e vê-lo rejeitado e morto.

Em um momento sério de crise, quando a morte se infiltra em casas e estabelecimentos; quando nos sentimos saudáveis, mas podemos, sem saber, portar o vírus;

quando cada estranho na rua é uma ameaça; quando passeamos com máscaras; quando igrejas estão fechadas e pessoas morrem sozinhas, sem ninguém com quem orar ao lado da cama — em tempos assim, é hora de lamentar. É hora de admitir que não temos respostas fáceis; de nos recusarmos a usar a crise como megafone para o que desejávamos dizer de qualquer maneira; de chorar em frente ao túmulo de amigos; de gemer inexprimivelmente pelo Espírito. "Alegrem-se com os que se alegram", ordenou Paulo, e "chorem com os que choram". Sim, e o mundo está chorando agora. O chamado primordial da Igreja é tomar, humildemente, o devido lugar entre os pranteadores.

Afinal, entristecer-se faz parte do amor. Não se entristecer, não lamentar, é bater a porta no interior do mesmo coração de onde o próprio amor se origina. Nossa cultura teme a tristeza, mas não apenas por temer a morte. Isso é natural e normal, uma reação adequada ao Último Inimigo. Nossa cultura teme a tristeza porque parece temer o próprio medo, assustada de que o mero reconhecimento da tristeza seja uma derrota. "Devemos prosseguir", dizemos a nós mesmos, "temos de ser fortes". Sim. Mas fortes como Jesus, que chorou no túmulo de seu amigo. Fortes como o Espírito, que ressuscitou a Jesus dentre os mortos e dará também vida ao nosso corpo mortal — mas que, neste exato momento, intercede por nós com gemidos profundos demais para serem expressos com palavras. Fortes como a pessoa que aprende a orar os salmos. Fortes como aquele que espera pacientemente pelo Senhor e não cria a expectativa de respostas e palavras fáceis para dizer ao mundo:

> Eu disse a minha alma: calma, e deixe que o breu te envolva
> Que será as trevas de Deus...
> Eu disse a minha alma: calma, e espera sem esperança
> Pois esperança seria esperar a coisa errada; espere sem amor
> Pois amor seria amar a coisa errada; ainda há fé
> Mas a fé e o amor e a esperança existem apenas na espera.
> Espera sem pensar, pois você não está pronta para pensar:
> E as trevas serão a luz, e a imobilidade a dança...
> Para chegar ao que não sabe
> Você tem de seguir um caminho que é caminho de ignorância...[5]

---

5 Cf. T. S. Eliot: *Poemas*. trad. Caetano W. Galindo. São Paulo: Companhia das Letras, 2018.

Assim ponderou T. S. Eliot em *East Coker*, o segundo de *Quatro Quartetos*, escritos quando os céus de Londres escureciam com aviões de guerra alemães.

Eliot havia percebido que todos os confortos fáceis pelos quais buscamos quando as coisas estão difíceis são provavelmente ilusão. Prendemo-nos a eles — esperando talvez que Deus nos livre rapidamente — para que não tenhamos de enfrentar as trevas, para que não tenhamos de "vigiar e orar" com Jesus no Getsêmani. Há um tempo para a contenção, para o jejum, para um senso de exílio, para um senso de não pertencimento. Um senso de "desfamiliarização". Um tempo para rejeitar conclusões precipitadas. É muito fácil buscar soluções simplórias, tanto na oração como na vida. Pode ser angustiante, difícil e amargo conviver com a convocação ao lamento. Partilhar dos gemidos do Espírito. Mas é parte do processo de sermos conformados à imagem do Filho.

COMO DEVEMOS TESTEMUNHAR SOBRE DEUS?

Argumentei que é somente com o próprio Jesus e com o Espírito que vemos e sabemos realmente o significado de dizer que Deus está "no controle" deste mundo. Jesus redefiniu o reino de Deus em torno de sua própria vocação, cujo ponto culminante foi sua crucificação "pelos nossos pecados, segundo as Escrituras" (1Coríntios 15:3). Entendeu toda a narrativa de Israel, foco do propósito resgatador do Criador em prol do seu mundo, canalizado em um único ponto: a agonia solitária da Sexta-feira Santa. Jesus teve de experimentar as trevas e tomar todo o peso delas sobre si. Ele o fez com base na fé de que, por causa do seu sacrifício, todas as promessas antigas seriam cumpridas; pois nele, o próprio Deus de Israel retornou pessoalmente para realizar a Páscoa Definitiva. A cruz seria a maneira de destronar os poderes cósmicos das trevas, o meio de resgatar o mundo das garras da morte e de tudo o que a acompanha.

Ao fazê-lo, ao exercer essa fé, Jesus estava completamente em sintonia com a vocação do ser humano, descrita no livro de Gênesis: refletir os propósitos de Deus no mundo. Após o pecado da humanidade, Deus não anulou essa vocação. Antes, chamou uma família humana — plenamente ciente de que tal família era tão falha quanto as demais — como parceira na obra da redenção e da nova criação. Essa família humana, o povo de Abraão, de Moisés e de Davi, alcançou seu destino com o próprio Jesus, o mesmo que chorou no túmulo do seu amigo, agonizou no Getsêmani e clamou na cruz que havia sido desamparado. O reino de Deus foi estabelecido dessa forma.

Essa continua sendo sua característica. Vemo-la no Sermão do Monte. Vemo-la em Atos, quando os seguidores de Jesus vão ao mundo para proclamar que Jesus já havia se tornado seu verdadeiro Senhor. Racionalistas modernos — incluindo racionalistas cristãos, treinados a supor que ceticismo racionalista deve ser respondido com apologética racionalista — facilmente imaginam que você resolve os problemas do mundo enviando tanques ou bombas. Na esfera política, foi isso que as potências ocidentais fizeram, vez após vez. É o que alguns apologetas tentam fazer na esfera intelectual: "Deus é soberano; faz o que bem entende; portanto, qualquer coisa que acontece é um reflexo da vontade de Deus e, por isso, podemos interpretá-la". Não foi assim que Deus estabeleceu o seu reino, e não é assim que o reino funciona. Pense mais uma vez da igreja de Antioquia, enviando auxílio a Jerusalém.

Na realidade, muitas coisas causam tristeza ao coração de Deus e o alarmam. Providência é um conceito modelado por Jesus: não se trata de um punho de ferro, "controlando" implacavelmente tudo. Em Gênesis 6:6, Deus vê a maldade humana e não diz: "Bem, permiti que chegasse a esse ponto a fim de lidar com o problema"; a passagem diz: *isso cortou-lhe o coração*. O texto hebraico é explícito nesse ponto. A forma como a frase foi escrita claramente preocupou alguns pensadores judeus posteriores, já que a tradução da Septuaginta (concluída por volta do século 2 a.C.) simplesmente diz: "e ele reconsiderou". De qualquer maneira, foi dessa tristeza que Deus chamou Noé, através de quem abrira um caminho em meio ao desastre. Além disso, existe uma correlação direta entre a declaração sobre Deus em Gênesis 6:6 e o que Marcos 14:34 diz sobre Jesus: "A minha alma está profundamente triste, numa tristeza mortal" (citando Salmos 42 e 43, dois "lamentos" clássicos). João retrata Jesus falando a mesma coisa: "agora meu coração está perturbado" (12:27, citando Salmos 6). O Messias consegue ver o dilúvio da morte e do desespero vindo sobre si. Ao contrário de Noé, porém, ele não terá uma Arca. Mesmo assim, levará consigo toda a criação de Deus, atravessando o dilúvio da morte e chegando à nova criação, que alvorecerá na manhã da Páscoa.

Semelhantemente, algumas coisas parecem alarmar a Deus. Os israelitas foram avisados, vez após vez, a não praticarem sacrifício humano. Entretanto, não somente transgrediram essa ordem às escondidas: construíram grandes "lugares altos" para esse fim específico. A resposta de Deus foi dizer: "nunca ordenei isso, *nem me subiu ao coração*" (Jeremias 7:31; repetido em 32:35). Na verdade, o texto hebraico usa "coração" duas vezes na mesma frase. Deus nunca o imaginou, tampouco o intencionou.

Evidentemente, trata-se de um paradoxo. Vemo-lo com mais clareza quando Pedro diz à multidão, em Atos 2:23, que a morte de Jesus foi planejada pela presciência de Deus — mas que as pessoas que o prenderam, julgaram e mataram cometeram iniquidade ao fazê-lo. Não há como contornar esse paradoxo, nem devemos procurar por uma explicação fácil. Não nos são dadas análises simples, agradáveis e mecanicistas. O mal é um intruso na criação de Deus. Qualquer tentativa de analisar sua natureza, o motivo pelo qual Deus o permitiu ou o que Deus faz com ele — além da declaração clara e forte de que Deus o venceu pela morte de Jesus em prol dos pecadores — não é apenas tentar conter o vento em uma garrafa, mas também supor um universo em que o "mal" tem o seu lugar devido e apropriado.

É nisto que jaz o perigo: fornecer uma descrição da boa criação de Deus em que há um espaço "natural" para o "mal". O "problema do mal", exposto pelos antigos filósofos, só pode ser "resolvido" ao pé da cruz; assim como o "problema do mal" descrito pelos políticos (como o "eixo do mal" exposto por George Bush e Tony Blair, após os ataques do 11 de setembro) é sempre uma forma perigosa de conduzir as coisas. Bush e Blair pensavam que a forma de resolver seu "problema do mal" era lançando bombas. Mas cada uma delas, como alguns previram na época, acabou se transformando em outro agente de recrutamento para formas ainda mais extremas de islamismo radical. Da mesma forma, análises racionalistas do "mal" oferecidas por alguns ("Deus permitiu o holocausto para que alguns desenvolvessem a virtude do heroísmo, do autossacrifício etc." — ou então "Deus permitiu o holocausto para o surgimento do Estado de Israel") servem como agentes recrutadores para outras formas de ateísmo radical. Oferecem uma imagem sombria e perturbadora de um deus que deliberadamente permitiu o escape de um vírus perigoso de um laboratório ou sua propagação em um mercado chinês com o objetivo de, após matar milhões de pessoas inocentes, emitir um chamado global de arrependimento para as demais, criando também uma plataforma para que alguns (médicos e enfermeiras) desenvolvessem e demonstrassem heroísmo. "Se esse é o 'deus' de vocês", pensariam muitos dos nossos contemporâneos, e com razão, "não queremos nada com ele".

É muito mais apropriado, então, reconhecer que Deus realmente delegou a administração de muitos aspectos do seu mundo aos seres humanos, e que, ao fazê-lo, assumiu o risco de que a humanidade alarme e aflija o seu coração. Só que ele não deixou de responsabilizar os culpados. Esse é o outro lado da moeda com respeito à delegação de autoridade aos portadores de sua imagem. Afinal, Jesus reconhece que Pôncio Pilatos exercia uma autoridade genuína sobre ele, delegada por Deus. Apenas comenta que Deus, por isso, exigirá uma prestação de contas (João 19:11). Eis o motivo pelo qual devem ser devidamente investigados e responsabilizados aqueles que causaram a propagação do vírus, assim como nações e governos pelo modo como se prepararam, com maior e menor sabedoria, para uma pandemia, e pela maneira como, em seguida, lidaram com a crise.

Tudo isso nos leva à pergunta: como devemos viver com o problema e como devemos enfrentá-lo? Além do lamento, qual é o chamado da Igreja em meio à pandemia?

CAPÍTULO 5

COMO DEVEMOS VIVER NO PRESENTE?

A missão da Igreja começou (segundo João 20) com três coisas que se tornaram familiares para nós nos últimos dias: lágrimas, portas fechadas e dúvida.

No primeiro dia da ressurreição, Maria Madalena chorava no jardim, do lado de fora do túmulo vazio de Jesus (João 20:1-18). Para a sua surpresa, Jesus a encontrou, falou com ela e a comissionou. Sua missão era contar aos discípulos, que estavam escondidos, que ele estava vivo e prestes a ser entronizado como Senhor do mundo.

Naquela mesma noite, os discípulos continuavam escondidos, com as portas ainda trancadas (João 20:19-23). Naturalmente, temiam que não demoraria muito para que as pessoas que prenderam Jesus fossem também atrás deles. Mas as portas trancadas não detiveram o Messias, que se pôs no meio dos discípulos e partilhou com eles uma refeição. Jesus lhes deu sua missão: "Assim como o Pai me enviou, eu os envio". O que isso quer dizer? A forma mais óbvia de interpretar a declaração, conforme veremos a seguir, é dizer: "a Igreja é para o mundo o que Jesus foi para Israel".

Na semana seguinte, os discípulos estavam na mesma sala, mais uma vez com as portas trancadas. Tomé não

| Para onde vamos daqui? |

estivera por perto na primeira vez. Passara a semana dizendo aos outros que jamais acreditaria na ressurreição, a não ser que Jesus aparecesse e provasse sua identidade (João 20:24-29). Jesus apareceu mais uma vez, convidando Tomé a tocá-lo e a ver as feridas em suas mãos e em seu lado — cicatrizes que provavam sua identidade, feridas que revelavam seu amor.

Lágrimas, portas trancadas e dúvida parecem caminhar de mãos dadas. Diferentes maneiras de dizer coisas semelhantes. Juntas, abrangem, em grande medida, o lugar onde nos encontramos globalmente, pelo menos até o momento. Lágrimas abundantes, claro: inúmeras vidas interrompidas. Portas trancadas, literalmente. Medo de rejeição, não somente em relação a mim, mas também o temor mais amplo e nebuloso de que cada estranho na rua possa, sem saber, transmitir-me uma doença com o potencial de matar-me em uma semana. Também posso ser o transmissor do vírus a esse estranho. Portanto: *lockdown*. Além do mais, como espinhos que crescem entre o choro e o confinamento, paira a dúvida: o que está acontecendo? Ainda há espaço para a fé, para a esperança? Se estamos trancafiados e afastados de todos, exceto de algumas poucas pessoas, ainda há algum espaço para o amor? São perguntas difíceis e prementes.

São o tipo de pergunta que a Igreja deve ser boa em responder — e não só verbalmente (quantos têm parado para ouvir, afinal?), mas simbolicamente.

Se com lágrimas, medos e dúvidas os primeiros discípulos experimentaram Jesus vindo ao seu encontro, talvez o possamos também.

Mas como?

Particularmente, o que significa dizer que "a Igreja é *para* o mundo o que Jesus foi *para* Israel"?

Segundo vimos anteriormente, o evangelho de Jesus mostra os sinais que ele fez. Não se tratava de coisas como terremotos ou fomes, pestilências ou inundações. Não tinham o objetivo de assustar pessoas a fim de levá-las à submissão ou à fé, tampouco para adverti-las de que o mundo se aproximava de um fim estarrecedor. Eram sinais de que o mundo chegava a uma nova primavera. Sinais de um novo começo.

No cenáculo, Jesus comissionou seus seguidores cheios de lágrimas, temores e dúvidas a fazerem o mesmo.

E foi exatamente o que fizeram. Desde o início. Na primeira carta escrita por Paulo, a carta aos Gálatas, o apóstolo diz à igreja: "façamos o bem a todos, especialmente aos da família da fé" (Gálatas 6:10).

CAPÍTULO 5

Para onde vamos daqui?

O mundo exterior não podia acreditar. Conforme vimos, os primeiros cristãos, confrontados com pestilência, envolviam-se e ajudavam as pessoas, às vezes salvando vidas, outras vezes enfrentando eles mesmos a morte. Sua forte fé nas promessas de Deus quanto à vida além da sepultura tornava-os destemidos, levando-os a se manterem alegres em face da morte e a continuarem no auxílio de enfermos cujas próprias famílias e comunidades os havia abandonado por medo de contágio.

Isso foi bem exposto no famoso livro *The Rise of Christianity* [O surgimento do cristianismo] (1996, cap. 4), de Rodney Stark. De modo convincente, o autor argumenta que a maneira como os cristãos se comportaram em meio às grandes pragas dos primeiros séculos foi um fator significativo na expansão da fé. Stark, e outros depois dele, coletaram evidências relacionadas às pragas ocorridas na década posterior a 170 d.C., responsáveis pela morte do imperador Marco Aurélio, e durante a década de 250 d.C. (Ninguém sabe ao certo quais eram as doenças. Uma poderia ter sido a varíola; a outra, sarampo, ambas letais quando atacam populações despreparadas.) O imperador Juliano, que tentou desconverter o Império Romano no fim do século 4 d.C.

(depois de o Império ter se tornado oficialmente cristão sob Constantino), reclamou que os cristãos eram melhores em cuidar dos doentes e dos pobres, muito mais do que a população não cristã em geral. Juliano tentou trancar a porta do estábulo depois de o cavalo ter saído em disparada. Cristãos eram para o mundo o que Jesus havia sido para Israel. Pessoas percebiam. Algo novo estava acontecendo.

A tradição continuou. Foram os cristãos que construíram hospitais. Seguidores de Jesus também foram pioneiros no campo da educação, disponibilizando-a fora dos círculos das elites, e no cuidado aos pobres — serviços essenciais, tanto no passado quanto agora. Com relação à medicina, a trégua nas grandes epidemias aconteceu apenas no mundo moderno, quando microrganismos foram identificados e medidas preventivas se tornaram a norma. Assim, dá época de Jesus até os últimos dois séculos, pestilências e coisas do gênero continuaram a aparecer esporadicamente, muitas vezes com consequências terríveis. Se nos considerávamos isentos desses problemas por vivermos em um "mundo moderno", no qual ciência e tecnologia gerariam "progresso" capaz de eliminar todos esses males, estávamos, obviamente, errados — tão errados quanto aqueles que, ao final do século 19,

| Para onde vamos daqui? |

pensavam que a sociedade ocidental se transformava gradativamente no Reino de Deus.

Deste modo, ao longo da história da Igreja, os seguidores de Jesus geralmente se esquivaram de tais linhas de pensamento. Em vez disso, como a igreja de Antioquia, continuaram a trabalhar. Visitaram prisioneiros e cuidaram dos feridos, acolheram estrangeiros e alimentaram os famintos; e cuidaram dos doentes, claro. Em épocas passadas, isso foi feito de dia e de noite; em tempos bons e ruins; na peste negra e na peste bubônica; em meio à guerra e à paz; nas favelas da cidade e nas casas isoladas das fazendas. Ministros e cristãos em geral o fizeram, sob um risco considerável e muitas vezes fatal para si mesmos. O anseio de encontrar o próprio Senhor no rosto dos necessitados, conforme demonstrado em Mateus 25, foi sempre forte.

Quando a atual pandemia começou a ocorrer, uma passagem dos escritos de Martinho Lutero passou a circular na internet. O texto continha a habitual combinação de Lutero entre sabedoria realista e piedade prática. O reformador enfrentou diversas pragas nas décadas que seguiram 1520 e 1530 e, em suas cartas a autoridades civis e líderes religiosos, procurou ressaltar que pregadores e pastores deveriam permanecer em seu devido

| DEUS E A PANDEMIA |

posto: como bons pastores, tinham de estar preparados para dar a vida pelas ovelhas. Da mesma forma, líderes civis e familiares só deveriam fugir de uma praga se tivessem tomado as devidas provisões para a segurança dos que foram abandonados. Lutero oferece conselhos que aparentemente são tão relevantes hoje quanto foram quinhentos anos atrás. Conforme Lutero ressalta, pestilências podem servir como mensageiras de Deus; mas a abordagem correta deve ser tanto prática quanto fiel. Este, segundo o reformador, deve ser o nosso raciocínio:

> Com a permissão de Deus, o inimigo enviou um veneno mortal entre nós; por isso, rogarei a Deus que seja gracioso e nos preserve. Então, fumigarei para purificar o ar, receberei e doarei remédios e evitarei lugares e pessoas onde minha presença não é necessária. Não desejo expor-me demais para que outros não sejam infectados e morram como resultado da minha negligência. Mas se o meu próximo precisar de mim, não permanecerei afastado, mas irei, de boa vontade, visitá-lo e ajudá-lo.[6]

---

6 *Luther: Letters of Spiritual Counsel* [Lutero: cartas de aconselhamento espiritual], ed. T. G. Tappert, Londres: SCM Press, 1955, p. 242, extraído de uma carta datada de 1527.

Há uma sabedoria prática na essência do que Lutero escreveu. Evidentemente, o reformador acreditava que o curso de ação "normal" para o cristão era permanecer e ajudar, e não fugir, quando certa região fosse atingida por pestilências. No entanto, ele entendia, mesmo nos dias anteriores à compreensão de como microrganismos e vírus funcionam, o potencial de pessoas bem-intencionadas piorarem a situação. Hoje, sabemos muito bem disso: alguém pode carregar e transmitir a COVID-19 sem saber que a possui. Deste modo, a inclinação natural de um seguidor de Jesus, de obedecer ao chamado do Senhor e ajudar no local de perigo, mesmo correndo risco de vida, parece bastante diferente quando essa ação aparentemente heroica pode facilmente piorar as coisas. O desejo generoso e unidimensional de ser herói, de "fazer a coisa certa", deve ser complementado com a disposição igualmente generosa de conter o aparente heroísmo quando ele próprio pode ocasionar uma tragédia.

Entretanto, não podemos usar isso como pretexto para não fazermos nada. Ações devem se originar do nosso lamento. No mínimo, pastores e ministros (devidamente treinados, autorizados e protegidos) devem cuidar dos doentes e dos que estão morrendo. Se, como às vezes

| DEUS E A PANDEMIA |

parece ser o caso, médicos seculares taxarem esse ministério como uma ação supérflua, devemos contestá-lo em todos os aspectos. Da mesma forma como agradecemos a Deus pelo fato de, nos últimos duzentos anos, o chamado da Igreja de trazer cura e esperança ter sido compartilhado com o mundo secular em geral, devemos trabalhar em parceria com as áreas médicas, inclusive para garantir uma abordagem totalmente holística e humana. Isso se aplica particularmente às pessoas que se encontram à beira da morte. O cuidado em instalações para pacientes terminais foi em grande medida uma inovação cristã, financiada com recursos privados, servindo de testemunho a uma esperança que a medicina secular por vezes ignora.

Assim, o chamado do seguidor de Jesus, à medida que enfrenta as próprias dúvidas e as indagações de um mundo em lágrimas e por trás de portas trancadas, é o de servir, ele próprio, de sinal para o reino de Deus. Devemos estabelecer placas de sinalização — por meio de ações, não apenas de palavras — que apontam, como os sinais de Jesus, para a nova criação: de cura para os enfermos, alimento para os famintos etc. Significa coisas como administrar bancos alimentares, trabalhar em abrigos para os sem-teto, oferecer-se como voluntário para ajudar aqueles que visitam familiares na prisão etc. São tarefas gratificantes, mas também exigentes. A fim de executá-las, precisamos, como Maria, Tomé e os discípulos no cenáculo, da presença viva de Jesus e do sopro poderoso do seu Espírito. E isso nos foi prometido.

Ao seguirmos tal vocação, faremos o que Jesus disse aos seus seguidores, em João 16: no poder do Espírito, o mundo será levado a uma prestação de contas. Da mesma forma que os seguidores de Jesus mostraram aos oficiais romanos uma maneira diferente de governar a sociedade, também haverá sinais do reino de Deus que emergirão do trabalho criativo, cuidadoso e restaurador dos membros da Igreja de hoje. Situações e oportunidades variam, mas, do lamento do povo de Deus, surgem novas possibilidades. Enquanto os discípulos de Jesus sofrem em oração e partilham da dor do mundo, surgem novas vocações, tanto de cura quanto de sabedoria, servindo de espelho aos que estão no poder e mostrando-lhes o que deve ser feito.

Naturalmente, quando nações dispõem de um grande serviço público de saúde, como é o caso do Reino Unido, a tendência é supor que o Estado deve cuidar da saúde, enquanto as igrejas voltam a ser "espirituais", ensinando pessoas a orar e mostrando-lhes como "ir para o céu". Desde o século 18, o mundo "secular" tem feito o possível para assumir a função e reivindicar o crédito de boa parte daquilo que os seguidores de Jesus costumavam fazer. A Igreja tem geralmente mordido a isca, deslizando para uma rejeição platonista do "mundo" e oferecendo um "evangelismo" e uma "espiritualidade" escapista. No entanto, quando governos cortam fundos destinados à saúde e hospitais não conseguem dar conta da demanda, são as igrejas que devem — embora normalmente não o façam — erguer a voz em protesto, intervir e ajudar. Temos um longo histórico na área de cuidados médicos, muito mais do que qualquer sociedade ou empresa privada. De repente, escutar que não podemos nem devemos nos envolver, mas apenas deixar o trabalho nas mãos dos "profissionais", é como escutar que não devemos mais ser Igreja. Outros afirmam ter mais embasamento do que nós (embora, na verdade, o conselho científico seja preocupantemente diverso) e que não somos requisitados na linha de frente. Nesse caso, não devemos ter medo de agir segundo a nossa convicção moral, ainda que em meio a discórdias e tensões. Faz parte de levar o mundo à prestação de contas pelo poder do Espírito.

| Para onde vamos daqui? |

Isso levanta uma questão que tem sido motivo de controvérsia em meio à pandemia: igrejas devem permanecer fechadas enquanto os cultos são feitos pela internet? O assunto parece envolver dois pontos bem distintos e, como geralmente é o caso na teologia cristã, ambos devem ser considerados.

O primeiro é que o edifício onde a igreja se reúne não deve servir de fuga, e sim de ponte para o mundo. A devida teologia do "espaço sagrado" deve enxergar edifícios para o culto público como sinais antecipados do tempo em que a glória de Deus encherá toda a criação. (Desenvolvi essa ideia com mais detalhes no livro *Interpreting Scripture* [Interpretando as Escrituras] (2020, cap. 18). Devemos, então, celebrar todas as maneiras nas quais o Senhor vivo, a quem regularmente adoramos em templos, se manifesta em toda a parte, trazendo cura e esperança muito além dos limites visíveis de qualquer propriedade eclesiástica.

O poeta Malcolm Guite captou isso de maneira brilhante ao refletir sobre igrejas fechadas durante a Páscoa deste ano e sobre o movimento, iniciado na Grã-Bretanha e reproduzido em diversas nações, de pessoas saindo de suas casas para aplaudirem os corajosos profissionais da saúde. Sou grato a Malcom pela permissão de citar o poema na íntegra:

> *Páscoa de 2020*
>
> Neste estranho dia de Páscoa,
> Onde é que eu encontro Jesus?
> Em um templo antigo fechado
> Sentado, sozinho e sem luz?
> Se nem aquela antiga tumba
> Na Rocha e com pedra selada
> Reteve o Salvador da vida
> Lacrando-o a portas fechadas?
> Seria hoje mesmo uma hóstia
> Nas mãos de um ministro qualquer
> Ou mais um poema sem glória
> Que a pauta do dia requer
> Mas longe de Igrejas atua
> Na sala de algum hospital
> Carregando a maca, de luvas
> Trajando uniforme e avental
> Então nesta Páscoa o aplaudimos
> Ao ver seu afeto e cuidado
> Nas mãos que combatem o vírus
> E nos corações abnegados
> Daqueles que salvam a vida

> Daqueles que morrem tentando
> Na firme esperança de um dia
> Com Cristo voltarem, reinando.[7]

Como em todas as obras de Guite, podemos encontrar profunda sabedoria no poema. Jesus não precisa de templos para dar seguimento à sua obra. Parte da resposta à pergunta: "onde Deus está na pandemia?" deve ser: "Lá, na linha de frente, sofrendo e morrendo para trazer cura e esperança".

---

[7] Uma tradução alternativa e mais literal do poema de Malcolm Guite seria: E onde está Jesus, neste estranho dia de Páscoa?/ Não perdido em igrejas trancadas, assim como/ Não está mais selado naquele sepulcro escuro. / As trancas foram desfeitas: a pedra foi rolada / e ele está vivo há muito tempo/ Vivo, atuante e fortalecendo a sua obra/ no mundo ao qual deu sua vida para salvar/ Não precisamos procurá-lo mais em seu túmulo vazio/ Poderia ter sido uma hóstia nas mãos/ Do nosso ministro neste dia, ou música nos lábios/ De coristas trajados em vermelho; em vez disso / Longe da igreja, sacode a nossa vestimenta de linho/ Para vestir o avental de uma enfermeira: agarra / E levanta uma maca, acalma com mão suaves / A carne frágil do que está para morrer, dando-lhe esperança / Respirando com o que não tem fôlego, concedendo-lhe forças para suportar. / Na quinta-feira aplaudimos, pois ele veio / E nos serviu em mil nomes e faces / Limpando o chão da enfermagem e achando vestígios/ Do coronavírus que para ele foi morte/ Sexta-feira Santa aconteceu em mil lugares/ Onde Jesus ajudou os desamparados e morreu com eles/ Para que partilhassem de sua Páscoa na necessidade/ Agora que ressuscitaram com ele, ressuscitaram de fato.

Entretanto, há um segundo ponto a ser feito. Em países como o meu, onde igrejas (dentre outros locais de culto, incluindo sinagogas e mesquitas) foram fechadas, por razões completamente compreensíveis, há o perigo de enviarmos acidentalmente o sinal errado para o mundo inteiro. Nos últimos trezentos anos, o mundo ocidental tem considerado a "religião" (a própria palavra mudou de significado para acomodar esse novo ponto de vista) como um assunto privado, "o que alguém faz no particular". A fé cristã como um todo foi reduzida, na mentalidade pública, a um movimento "particular" no sentido de que, segundo muitos alegam, não deveria ter lugar algum na vida pública. Assim, ainda posso comprar uma bebida em algum mercado ou loja de esquina; mas não posso me sentar no velho templo da igreja, do outro lado da rua, e participar de um culto de oração. Nesse caso, a adoração se torna invisível; e o fechamento de igrejas parece conspirar com isso. Ao dizer que aboliremos temporariamente o culto corporativo e nos reuniremos com outras pessoas apenas em cultos on-line, realizados ao vivo da sala de estar da casa do ministro, podemos dar a entender que, de fato, não passamos de um grupo de indivíduos com ideais semelhantes em busca de um passatempo arcano particular.

Nesse contexto, o problema com a "adoração eletrônica" é que ela acaba se transformando em uma "adoração platônica", isto é, "sozinhos com todo o mundo". Visto que já existem pressões culturais nessa direção, importa-nos reconhecer o perigo.

Felizmente, ao que tudo indica, muitas pessoas que "foram para a igreja" nessa realidade virtual não teriam participado de um culto em algum templo físico; tal desenvolvimento é motivo de regozijo. No entanto, nossas igrejas têm sido há séculos lembretes físicos e audíveis — em ruas movimentadas e em lugares afastados, nos campos e nas cidades — de um estilo de vida que a modernidade ocidental tentou sufocar. Sem dúvida, temos aprendido muitas coisas neste tempo de "exílio forçado" — é exatamente isso que estamos enfrentando, um exílio — mas devemos orar pelo dia em que nossos templos funcionarão, no contexto da nossa sociedade, da forma como foram planejados.

Em outras palavras, estou preocupado com o modo pelo qual a Igreja, deparando-se com uma grande crise, seguiu docilmente o parecer de uma liderança secularizada. *Do ministério de Jesus em diante, o sinal da nova criação tem sido a presença restauradora do próprio Jesus e, acima de tudo, sua morte e ressurreição.* A realização do culto público ao Deus Triúno — observadas todas as medidas de segurança — foi sempre parte importante do envio desse sinal ao mundo observador. Quando Paulo diz aos filipenses: "Alegrem-se sempre no Senhor", a palavra "alegre-se" não significa apenas "sinta-se muito feliz no seu interior". Significa: "saia para a rua e comemore!" — com o devido distanciamento, claro. Afinal, diversas outras pessoas estão fazendo isso. Nos dias de Paulo, havia muitas procissões, festas de rua e cerimônias religiosas acontecendo em público, de modo que todos podiam ver o que estava acontecendo. Paulo queria que os seguidores de Jesus fizessem a mesma coisa. Na Bíblia, a palavra para "alegria" conota algo que você pode *ouvir* a uma certa distância. Veja, por exemplo, Neemias 12:43.

Pego-me entre esses dois pontos de vista; e ao que me parece, ambos estão corretos. Entendo perfeitamente que devemos ser responsáveis e escrupulosamente respeitosos. Fico alarmado com relatos de pessoas devotas, mas mal orientadas, que ignoram regulamentos de segurança por acreditarem que, como cristãs, serão automaticamente protegidas contra doenças ou que, como ouvi alguém dizer na televisão, "você está seguro dentro da igreja porque o Diabo não pode entrar lá".

(Queria dizer à pessoa que ouvi: "Acredite-me, senhora, sou bispo: o Diabo entra e sai de lá, como qualquer outra pessoa). É o tipo de superstição que traz má reputação à fé cristã. Semelhantemente, debates sobre fechar a porta das igrejas podem facilmente gerar controvérsias paralelas — entre aqueles, por exemplo, para os quais o edifício e todos os seus elementos têm sido parte vital de sua espiritualidade e aqueles aos quais essas coisas são irrelevantes, visto que qualquer pessoa pode adorar a Deus em qualquer lugar. Ambos os lados podem aprender com a crise atual, e fazemos bem em acolher uns aos outros em oração e amor.

Parte da resposta a essa oração, como muitos já perceberam, pode ser o discernimento de que o presente momento é um tempo de *exílio*. Encontramo-nos "junto aos rios da Babilônia", confusos e sofrendo a perda da nossa vida normal. "Como poderíamos cantar as canções do Senhor numa terra estrangeira?" (Salmos 137:4) se traduz facilmente em: "Como posso sentir a alegria de participar da Ceia do Senhor olhando para a tela de um computador?". Ou então: "Como posso celebrar a entronização de Jesus e o derramamento do Espírito Santo sem a companhia dos meus irmãos e irmãs?".

Evidentemente, parte da ideia de Salmos 137 é precisamente o fato de o poema ser, ele próprio, uma "canção do Senhor". Eis a ironia: a escrita de um poema cujo tema é a incapacidade de escrevê-lo. Assim, parte da disciplina do lamento pode ser transformar o próprio Lamento em uma canção de tristeza. Talvez seja uma das formas pelas quais somos chamados no momento a sermos pessoas de lamento — lamentando até o fato de não conseguirmos lamentar da forma como normalmente preferiríamos. Devemos explorar essas questões, e as novas disciplinas exigidas de nós, da melhor forma que pudermos. Pode ser que isso também deva ser aceito como parte da vida na Babilônia. Talvez devamos, como nos orientou Jeremias, estabelecer-nos nesse regime e "procurar a paz da cidade" onde estamos [cf. Jr 29:7, ARC]. Todavia, não devemos fingir que é onde queremos estar. Não nos esqueçamos de Jerusalém, nem decidamos permanecer no exílio.

É a esse respeito que as igrejas (e outros grupos, como líderes e pensadores judeus) necessitam urgentemente refletir e orar quanto ao que pode e deve ser dito, e sobre como dizê-lo de tal forma que os líderes do mundo ocidental possam ouvir e agir com sabedoria. Com esse fim em mente, abordamos a seção final deste capítulo.

| Para onde vamos daqui? |

COMO NOS RECUPERAMOS?

CAPÍTULO 5

Talvez a questão mais vital de todas, que deveria estar no topo da agenda de representantes da Igreja, do Estado e de todas as partes interessadas, é como retornaremos àquilo que constituirá o "novo normal". Algumas pessoas expressam a opinião piedosa de que, uma vez que tudo acabar, teremos uma sociedade mais justa e gentil. Aumentaremos o salário das nossas enfermeiras. Estaremos preparados para pagar mais impostos como forma de apoio a serviços de saúde e auxiliaremos melhor os movimentos relacionados ao alívio de pacientes em estado terminal. Teremos desfrutado tanto do ar fresco, não poluído por milhares de carros e aviões, que desejaremos viajar menos e gastar mais tempo com a família e com os vizinhos. Celebraremos nossos serviços de emergência, empresas de entrega e todas as pessoas que cuidaram de nós.

Gostaria de acreditar que isso é verdade. Receio, no entanto, que, levantadas as restrições, haverá uma corrida para iniciar novamente tudo isso — o que, em diversos aspectos, é natural e adequado. Ninguém que esteja desesperado para evitar a falência vai pensar duas vezes em usar o carro novamente, ou o avião, se isso ajudar.

| DEUS E A PANDEMIA |

CAPÍTULO 5

Dizem-nos por toda a parte que os efeitos econômicos do *lockdown* já serão catastróficos e poderão piorar. O problema, então, é muito semelhante às decisões trágicas que líderes enfrentaram durante a guerra: pense em Churchill durante a *Blitz*, decidindo se deveria sacrificar *esta* unidade para resgatar a *aquela*, ou se deveria enviar mensagens codificadas que levariam o inimigo a bombardear *aquelas* casas ao invés *destes* prédios públicos. Neste exato momento, estamos concentrados inteiramente em "permanecer seguros" — a um custo enorme em termos de falência, desemprego e ruptura social. O enorme auxílio governamental aos necessitados terá de ser, mais cedo ou mais tarde, reposto aos cofres públicos. Se o debate for conduzido entre aqueles que veem a morte como o pior dos resultados da pandemia e os que veem a ruína econômica como a pior das consequências, é provável que o resultado seja um amargo diálogo de surdos.

Como no mundo pagão antigo, pragas levam pessoas a questionarem: "Que deuses estão irados? Como podemos apaziguá-los?". Da mesma forma como o secularismo de hoje revela cada vez mais seus subtextos pagãos, é fascinante imaginar nosso dilema atual como um confronto entre Asclépio, deus da cura, e Mamom, deus do dinheiro. Obviamente, Mamom exige regularmente sacrifícios humanos; é por isso que os mais pobres sofrem maior risco em meio à situação emergencial atual. Talvez não seja tão ruim para Asclépio ter seu momento de glória, embora Marte, o deus da guerra, e Afrodite, a deusa do amor erótico, nunca estejam longe. Certamente, não podemos renunciar ao aspecto urgente da cura, só porque ouvimos o chamado de Mamom, nosso deus favorito, na outra extremidade do debate, ávido por mais sacrifícios humanos.

Se tudo for abordado de modo puramente pragmático — como se o maquinário do Estado fosse exatamente isso, um maquinário, e não a inter-relação sábia de seres humanos plenamente vivos — o resultado será previsível. Os mais vulneráveis serão lançados contra a parede outra vez. É o que costuma acontecer. Após a crise financeira de 2008, bancos e grandes empresas, depois de aceitarem uma quantia exorbitante de resgate com dinheiro público, voltaram rapidamente aos velhos hábitos, enquanto partes mais pobres da Grã-Bretanha ficaram mais pobres e continuam nesse estado. Alguém deve se levantar, não para censurar, humilhar e agredir, mas para ler Salmos 72. Este salmo contém a lista de prioridades que a Igreja deve articular, não apenas em seu discurso, mas em propostas práticas que se traduzam na articulação de políticas prioritárias:

> Reveste da tua justiça o rei, ó Deus,
> e o filho do rei, da tua retidão [...]
> Que os montes tragam prosperidade ao povo,
> e as colinas, o fruto da justiça.
> Defenda ele os oprimidos entre o povo
> e liberte os filhos dos pobres;
> esmague ele o opressor! [...]
> [O governante justo] liberta os pobres que pedem socorro,
> os oprimidos que não têm quem os ajude.
> Ele se compadece dos fracos e dos pobres,
> e os salva da morte.
> Ele os resgata da opressão e da violência,
> pois aos seus olhos a vida deles é preciosa. (Salmos 72:1-4, 12-14).

Também isso pode ser ridicularizado como algo que não passa de ilusão, mas é o que a Igreja sempre acreditou e ensinou, e o que a Igreja na linha de frente sempre praticou. Nos primórdios da Igreja, imperadores romanos e autoridades locais não sabiam muito sobre o que realmente era o cristianismo. No entanto, sabiam que esse movimento estranho continha alguns chamados de "bispos", que falavam sempre sobre a necessidade dos pobres. Não seria ótimo se as pessoas tivessem a mesma impressão hoje em dia?

O que isso significa, então, em um mundo onde alguns de nós pensamos que o *lockdown* não passa de um inconveniente mínimo, enquanto outros continuam aglomerados em campos de refugiados ou em cidades de países emergentes, nas quais "distanciamento social" é tão fácil quanto ir à lua? Devemos pensar globalmente e agir localmente, mas também trabalhar com líderes da Igreja do mundo todo a fim de encontrar políticas que impeçam uma corrida maluca de volta aos lucros à custa dos interesses da população mais vulnerável. É claro que, em meio a tudo isso, devemos fortalecer a Organização Mundial da Saúde e insistir que as nações adotem suas políticas e protocolos. Sem dúvida, há grandes perguntas a serem feitas a algumas das superpotências do mundo, que usam a crise atual como ocasião para manobras políticas. Boatos veiculados pela internet e canais de *"fake news"* também têm feito hora extra.

Em meio a tudo isso, retorno ao tema do Lamento. Talvez não seja por acaso que Salmos 72, estabelecendo o plano de ação messiânico — colocando pobres e necessitados no topo da lista — seja seguido imediatamente por Salmos 73, no qual a reclamação é que ricos e poderosos fazem o que bem entendem, como de costume. Talvez seja assim que devemos viver: vislumbrando o que deveria ser e, depois, lutando contra o modo como as coisas realmente são. Entretanto, só enfrentaremos situações difíceis se *orarmos*, retendo o ideal ao lado do real enquanto gememos com toda a criação e o Espírito geme em nós para que a nova criação venha à luz. Neste momento desafiador, devemos fazer como José na corte do faraó: analisar a situação e esboçar uma visão de como resolvê-la. Precisamos urgentemente de estadistas, autoridades governamentais sábias e líderes cristãos que, em parceria, analisarão, com visão e realismo, os desafios que teremos de enfrentar nos próximos meses. Pode ser que, nos próximos dias, vejamos sinais de novas e genuínas possibilidades, novas maneiras de trabalhar que regenerarão sistemas obsoletos e os substituirão por processos melhores e inovadores, nos quais reconheceremos marcas de nova criação. Ou talvez simplesmente voltaremos ao "como de costume" em termos de conflitos, análises e soluções artificiais.

Se tão somente cruzarmos os braços e menearmos a cabeça por termos templos trancados, clubes de golfe fechados e negócios suspensos, é mais provável que as mesmas forças de sempre assumam o controle. Mamom é uma divindade poderosa. Nossos líderes sabem como é difícil apaziguá-lo. Pois, quando isso falha, Marte, o deus da guerra, está sempre por perto. Que o Senhor nos livre de suas garras. Se quisermos escapar das forças das trevas, devemos estar alertas aos perigos e tomar ativamente, em espírito de oração, outras iniciativas. O crescimento de ervas daninhas no jardim será muito menos provável se plantarmos flores.

Não cabe a mim dizer às lideranças da Igreja, muito menos às lideranças de outras comunidades de fé, como planejar os meses seguintes, nem como exercer pressão sobre os governantes. Contudo, aqueles de nós que vigiam, esperam e oram pelos líderes da Igreja e do Estado devem usar esse tempo de lamento como tempo de oração e esperança. Aquilo em que esperamos engloba uma liderança humana sábia e uma iniciativa que irá, como a de José durante a fome no Egito, trazer políticas e ações revigorantes por todo este vasto e machucado mundo de Deus:

> Envia a tua luz e a tua verdade;
> elas me guiarão e me levarão ao teu santo monte,
> ao lugar onde habitas.
> Então irei ao altar de Deus,

a Deus, a fonte da minha plena alegria.
Com a harpa te louvarei,
ó Deus, meu Deus!
Por que você está assim tão triste,
ó minha alma?
Por que está assim tão perturbada
dentro de mim?
Ponha a sua esperança em Deus!
Pois ainda o louvarei;
ele é o meu Salvador e o meu Deus. (Salmos 43:3-5).

Outros livros de N. T. WRIGHT
pela **Thomas Nelson Brasil**

Como Deus se tornou Rei

Paulo: uma biografia

Salmos

Simplesmente Jesus

Livros da série de comentários
O NOVO TESTAMENTO PARA TODOS
JÁ DISPONÍVEIS pela **Thomas Nelson Brasil**

Paulo para todos: Romanos 1-8 – Parte 1

Paulo para todos: Romanos 9-16 – Parte 2

Paulo para todos: 1Coríntios

Paulo para todos: 2Coríntios

Paulo para todos: Gálatas e Tessalonicenses

Paulo para todos: Cartas da prisão

Paulo para todos: Cartas pastorais

Este livro foi impresso em 2020, pela Assahi,
para a Thomas Nelson Brasil. A fonte usada
no miolo é ITC Clearface Std.
O papel do miolo é pólen soft 80 g/m².